글쓰기,
누구나 해낼 수 있다

글쓰기,
누구나 해낼 수 있다

권지현 지음

생각을 글로, 글을 삶으로 이어가는 시작

글쓰기는 자기 자신을 드러내고, 세상과 대화하며, 나를 새롭게 정의하는 과정이다.
『글쓰기, 누구나 해낼 수 있다』는 그 여정에 용기를 불어넣는 안내서다.

이음과 펼침

목 차

프롤로그 ··· 8

1장 | 글쓰기란 무엇인가

1. 글쓰기의 이유 ································ 15
2. 글쓰기, 삶을 다듬는 과정 ······················ 21
3. 글쓰기의 기본 원리 ··························· 30

2장 | 글쓰기로 이어지는 읽기

1. 어떻게 읽느냐가 글쓰기를 좌우한다 ············ 39
2. 어떻게 읽을 것인가 ··························· 48
3. 읽은 것을 글로 바꾸려면 ······················ 60

3장 | 동서양의 다작가에게서 배우는 메모법

1. 다산 정약용(1762-1836)의 메모 ··············· 73
2. 니클라스 루만(1927-1998)의 메모 ············· 83

4장 | 나를 위한 글쓰기

1. 글쓰기로 나를 여는 시간 ········· 91
2. 글쓰기로 성장하는 습관 ········· 102
3. 글쓰기가 키워 주는 능력 ········· 107

5장 | 나와 세상을 연결하는 글쓰기

1. 글의 설계와 구성 ········· 117
2. 독자를 사로잡는 표현 ········· 129
3. 잘 쓰기 위해 피해야 할 것 ········· 136
4. 글을 완성하는 과정 ········· 140
5. 설득과 감동을 만드는 힘 ········· 145

6장 | 글쓰기의 지속과 완성

1. 규칙적으로, 글쓰기 루틴 ········· 155
2. 체계적으로, (1) 글 점검 체크리스트 ········· 162
3. 체계적으로, (2) 자기 점검 체크리스트 ········· 165
4. 글감은 삶 곳곳에 있다 ········· 169

7장 | 읽고 쓰고 출판하라

1. 읽고 썼다면 해야 할 일 ·············· 177
2. 출판 프로세스 ·············· 185
3. 출판의 다음 단계 ·············· 197

에필로그 ·············· 202
참고문헌 ·············· 205

프롤로그

"누구나 이어 내고, 누구나 펼쳐 낼 수 있다."

글을 쓴다는 것은 특별한 능력을 부여받은 사람만 하는 일이 아니다. 글쓰기는 작가의 전유물도 아니고, 표현력이 풍부한 사람만 할 수 있는 것도 아니다. 글쓰기는 나이, 성별, 학벌, 직업에 관계없이 누구나 할 수 있는 가장 인간적인 행위다.

우리는 이미 글을 많이 쓰고 있다. 메모장에 남긴 한 줄, 친구에게 보낸 카톡 메시지, 심란한 마음을 정리하려고 적은 일기 등 이런 사소한 것들도 하나하나 글쓰기다. 심지어 연습장에 끄적거린 낙서조차도. 멋진 표현이나 어려운 단어를 쓰려고 애쓸 필요 없다. 진솔하게 자신의 경험과 감정, 생각을 꺼내어 이어 내고, 나만의 방식으로 펼쳐 내면 그것이 가장 멋진 글이 된다.

"글을 쓴다는 것은 점을 찍고 잇는 과정이다."

스티브 잡스의 2005년 스탠포드 졸업식 연설은 많은 이에게 감동을 주어, 아직까지도 계속 회자된다. 그는 지루했던 정규 수업에 흥미를 잃고 자퇴한 뒤 자신이 끌리는 강의들을 찾아 듣기 시작했다. 그 과정에서 요가와 명상, 캘리그래피 같은 수업을 접하게 되었다. 이 경험들은 훗날 애플을 창업해 전세계를 놀라게 한 세련된 디자인 철학의 밑바탕이 되었다.

그는 졸업식 연설에서 이렇게 말했다.

"과거에 호기심과 직감을 믿고 저질렀던 일들이 훗날 값진 경험이 되었다. 인생의 점들을 미리 연결할 수는 없고, 오직 뒤돌아볼 때만 연결된다. 그러니 지금은 그저 믿고 나아가라. 언젠가 그 점들이 연결될 것이다."

우리가 무의식적으로 보내는 하루하루는 스티브 잡스의 말처럼 점을 찍어 가고 있는 일이다. '매일 반복되는 재미없는 하루, 빨리 시간이 흘렀으면…' 하는 생각이 든다면 생각을 바꾸어야 할 때가 되었다. 하루는 하나의 점에 불과하지만 매일이 모이면 의미가 증폭된다는 것을 믿고 허투루 흘려보내지 말자. 총명하게 눈을 뜨고 어떤 즐거운 일이 있나, 어떤 재미있는 상황이 있나 관찰해야 한다. 벌어지는 많은 일들을 나만의 시선으로 포착하고 해석해야 한다.

만약 관찰하고 무언가 부족하다는 생각이 든다면 글로 기록해 보자. 의미를 부여하고 감정을 넣어 이야기를 만들어 보자. 재미있는 이야기가 되어 의미를 가지면 기억에 오랫동안 남는다. 다른 사람들에게 전달하여 이어지고 넓게 펼쳐질 것이다.

　글은 거창한 순간에서만 나오지 않는다. 일상에서 스친 사소한 장면, 문득 떠오른 감정, 흩어져 있던 생각의 파편들이 글의 재료가 된다. 내 일상의 점들을 잘 모으고 기록하자. 지금 적고 있는 한 단어나 문장은 당장은 흩어진, 아무 의미 없는 점처럼 보이지만, 그 점들이 쌓이고 이어질 때 비로소 나의 이야기가 된다. 그 이야기가 펼쳐졌을 때 생명력이 생기고 다른 이에게 좋은 영향을 미친다. 글쓰기는 그 점들을 연결하는 행위이다. 쓰지 않고 의미 없이 흘려보낸다면 결코 연결되지 않는다.

　한국 속담에 '구슬이 서 말이라도 꿰어야 보배'라는 말이 있다. 아무리 좋은 구슬을 갖고 있더라도 알아보지 못하고 꿰지(이음) 않는다면 값어치를 잃는다. 영어로도 비슷한 의미를 가진 문장이 있다. 'Ideas are worthless without execution' 아이디어는 실행이 없으면 가치가 없다.

　생각도 마찬가지다. 머릿속에만 두면 아무 의미가 없다. 아무리 많은 생각이 있어도 꿰어 내지 않으면, 적어 내지 않으면, 글이 되지 않으면 결국은 잊힌다. 생각은 글이 되어야 비로소 힘을 갖는다. 글쓰기는 그 구슬을 꿰는 일이다. 아이디어를 실행하는 일이다. 생각과 감정을 씨줄과 날줄로 엮어 세상에 펼쳐 냈을 때, 그것이 비로소 나를 비추는 보배가 되고 가치가 된다.

"글은 삶을 잇는 도구"

우리가 글을 써야 하는 이유는 무엇인가. 내 마음을 정리하기 위해, 나를 이해하기 위해, 때로는 다른 사람과 연결되기 위해서다. 글은 '과거의 나'와 '현재의 나'를 잇고, '현재의 나'와 '미래의 나'도 잇는다. 내가 쓴 글들을 잘 엮어내어 펼치면 세상과 내가 이어진다.

내게는 진부하기만 했던 일상에 의미를 더하고 생각을 덧붙여 써 내는 용기를 내 보자. 진솔하게 써 내려간 나의 이야기, 나의 경험, 나의 지식은 다른 이에게 희망, 용기가 되기도 하고, 유용한 정보가 되기도 한다. 스스로는 별 것 아니라고 생각한 것도 누군가에겐 길잡이가 될 수도 있다.

한 줄의 문장이 쌓여 한 단락이 되고 그것이 쌓여 한 권의 책이 된다. 책 한 권은 결코 한 권의 책으로 끝나지 않는다. 그 책 한 권은 글쓴이의 인생에 성장과 변화를 가져오고, 그 책을 읽는 누군가에게 신선한 물결을 일으킨다.

책을 내는 것은 운명이 바뀌도록 씨앗을 심는 과정이고, 자신이 바라는 사람이 되는 데 한 걸음 나아가는 일이며, 내가 걸어가는 길을 다지는 행위다.

"가능성을 펼치는 인생 만들기"

잘 이었으면 이제는 펼쳐야 한다. 좋은 것만 골라 이어 낸 이야기는 세상에 새로운 가치가 된다.

한 제자가 공자에게 물었다.
"귀한 옥이 상자에 있는데 보관할까요? 아니면 좋은 상인을 만나 팔아야 할까요?"

그에 대한 공자의 답이다.
"팔아야지. 나는 상인을 기다리는 사람일세."

귀한 옥을 만들었으면 팔아야 한다. 귀하게 이어 놓은 글을 세상에 펼쳐야 한다. 글은 책이 되고, 감동이 되며, 어떤 무한한 가치가 되는 가능성이다. 그것이 글을 쓰고, 책으로 펼쳐야 하는 이유이다.
우리의 글이 책이 된다면 우리의 꿈이 조금이나마 실현되고, 스스로가 한층 더 성장하는 기회가 된다. 그렇게 계속 성장하는 사람으로 살아가는 것이 삶의 의미를 더욱 풍성하게 한다.

1장

글쓰기란 무엇인가

"오랫동안 말하지 않은 이야기를 가슴에 품고 있는 것보다 더 큰 고통은 없다." 마야 안젤루의 말이다. 미국의 작가 버지니아 울프는 글쓰기를 치료의 한 형태로 보았고, 카를 융은 글쓰기를 내면의 그림자와 맞서 싸우는 방식이라고 했다.

글을 쓰는 모든 사람들은 글에 대해 한마디씩 정의한다. 글쓰기는 치료가 될 수도, 자기 자신과의 싸움일 수도, 자기실현일 수도 있다. 많은 이들의 정의 속에 내가 생각하는 정의를 한 줄 얹는다면 다음과 같이 말하겠다.

"글쓰기는 삶의 이정표를 남기는 것이다."

1. 글쓰기의 이유

나는 쓴다, 고로 존재한다

데카르트는 '나는 생각한다. 고로 존재한다(Cogito, ergo sum)'라는 선언으로 인간을 주체로 세웠다. 이전까지 중세의 세계관에서 인간은 신의 창조물로서, 그 존재의 의미를 신에게서 찾았다. 세계의 질서는 신의 섭리로 이루어졌고, 지식은 성경과 교회의 권위에 의존했다. 배우는 일은 전해진 것을 받아들이는 데 머물렀고, 개인의 생각은 때로 불경한 행위로 간주되기도 하였다. 사고는 개인의 몫이 아니라 집단과 제도 안에서만 이루어져야 했던 시대였다.

이러한 시대적 배경에서 데카르트의 선언은 혁명적 전환을 가져왔다. 데카르트는 감각이 우리를 속일 수 있고, 경험은 불확실하며, 전통과 권위 역시 절대적일 수 없다고 보았다. 심지어 그는 수학적 사실까지도 의심하며 모든 것을 부정했다. 그러나 이 모든 것을 의심하는 그 순간에도, '의심하고 사고하는 나'는 부정할 수 없었다. 그 이후로, 인간은 더 이상 신에 종속된 수동적 존재가 아니라, 스스로 생각하는 주체로 자리매김하게 되었다.

 그러나 생각만으로는 여전히 허공에 떠 있는 것과 같다. 생각은 흘러가고, 흔적 없이 사라져 기억 속에 묻힌다. 우리가 진정으로 존재를 확인하는 순간은, 생각을 붙잡아 언어로 남길 때이다. 문장은 내가 사고했음을 입증하는 증거가 된다. 그래서 데카르트의 선언 '나는 생각한다, 고로 존재한다' 사이에 '나는 쓴다'라는 표현이 더해져야 한다고 생각한다. 글쓰기는 사라지는 사유를 현실에 고정시키고, 내 존재를 지속 가능한 형태로 남기는 행위이기 때문이다. 추상적 사유는 구체적 언어가 되고, 혼란스러운 감정은 명료한 메시지가 된다.
 생각이 순간적이라면 글쓰기는 영속적이다. 글을 쓰는 순간, 나는 단지 존재하는 것을 넘어 스스로를 증명하고, 다시 미래의 나와 대화할 수 있는 존재가 된다.

말보다 글이 필요한 이유

 공자와 제자 자로의 일화는 말이 얼마나 쉽게 사람을 속일 수 있는지를 잘 보여 준다.

어느 날 자로가 자고라는 사람을 읍장으로 임명했다.

그 소식을 들은 공자는 '남의 자식을 해치는구나'라고 말했다.

자로는 곧장 반박했다.

"백성을 다스리는 것도 학문입니다. 어찌 꼭 책을 읽는 것만이 배움이라 하겠습니까?"

공자는 이렇게 답했다.

"이래서 나는 말 잘하는 사람을 싫어한다."

공자가 불쾌했던 이유는 분명했다. 아직 준비가 되지 않은 사람이 지도자의 자리에 오르면, 그 피해는 고스란히 아랫사람들에게 돌아간다는 사실을 알았기 때문이다. 결국 그 자리는 자신을 해치고, 주변까지 해롭게 만들 수 있다. 자로는 '하면서 배우면 되지 않겠느냐'고 주장했지만, 공자는 그 말을 거짓과 자기합리화로 보았다. 말이란 이렇게 쉽게 거짓을 진실로 포장한다. 그래서 공자는 말만 번지르르한 사람을 경계했다.

공자는 또 이렇게 말했다.

"말을 교묘하게 하고 얼굴빛을 꾸미는 사람 중에 어진 이는 드물다."

말이 능숙하다고 해서 신뢰할 수 있는 사람인 것은 아니다. 말은 진실을 꾸며 과장할 수 있고, 거짓을 그럴듯하게 진실로 탈바꿈할 수 있다. 절에 가면 수행의 첫 단계로 묵언을 하는 이유도 여기에 있다. 헛된 말, 거짓말, 가식, 지키지 못할 약속은 결국 말을 통해 나온다. 이 불필요한 말을 줄이는 가장 간단한 방법이 글쓰기이다.

글은 생각을 거치는 과정이다. 글을 쓰다 보면 아무렇게나 내뱉는 말은 줄고, 말하기 전 잠시 생각하는 시간이 생긴다. 말은 즉각적인 반응을 요구하지만, 글은 생각을 정리하고 차분히 표현할 수 있는 여유를 준다.

조던 피터슨은 말했다.
"사람들 앞에서 논리적으로 정리된 주장을 토대로 계획을 제시할 수준이 되면, 사람들은 당신을 인정하고 기획를 줄 것이다."[1]

조던 피터슨의 말처럼, 논리적으로 정리된 주장을 내놓을 수 있을 때 비로소 사람들은 우리를 인정한다. 글쓰기는 바로 그 힘을 길러 준다. 글로 생각을 다듬으면, 말도 깊어진다. 즉흥적인 말은 줄어들고, 준비된 언어와 설득력 있는 메시지가 나온다. 신뢰는 화려한 말솜씨에서 나오는 게 아니라 글을 통해 다져진 사고의 탄탄함에서 온다.

이를 위한 가장 단순하면서도 강력한 방법이 모닝페이지나 일기다. 하루를 시작하며 떠오르는 생각을 거침없이 적어 내려가면 머릿속이

---

1) 송숙희, 『일머리 문해력』, 교보문고, 2023, 314p

정리되고, 불필요한 말들이 글 속에서 걸러진다. 하루를 마무리하며 오늘의 경험을 기록하면, 반복되는 실수를 줄이고 성장을 확인할 수 있다. 문장이 쌓이면, 사고가 단단해지고 삶의 태도가 달라진다.

말은 쉽게 흩어지지만 글은 남는다. 글은 시간이 지나 나를 돌아보게 하고, 앞으로 나아갈 힘이 된다. 그래서 우리는 글을 써야 한다. 글쓰기는 작은 습관에서 시작된다. 오늘부터 한 줄을 적어 보자.

쓰기란 무엇인가

작가를 가리키는 말로 '필자(筆者)'라는 표현이 있다. 여기서 필(筆)은 대나무(竹)와 붓(聿)이 합쳐진 모양으로, 책상 위에 눕혀 둔 붓이 아니라 손에 잡혀 곧게 세워진 붓의 모양이다. 곧 '쓰고 있는 행위' 자체가 필이다. 그래서 글을 쓰는 일을 집필(執筆)이라 하고, 붓을 놓는 순간 절필(絶筆)이라 한다. 결국, 글을 쓰려는 이에게 가장 먼저 필요한 원칙은 단순하다. 붓을 내려놓지 않는 것. 꾸준히 메모하고, 멈추지 않고 쓰는 것. 그것이 필자가 되는 길이다.

'쓰다'라는 말에는 또 다른 뜻이 있다. 바로 쓴맛이다. 한약의 쓴맛이 몸을 낫게 하듯, 글쓰기 또한 삶을 성찰하게 만든다. 글을 쓰다 보면 과거의 상처, 실수, 혹은 감추고 싶던 기억과 맞닥뜨리게 된다. 그 과정은 불편하고 고통스럽다. 그래서 많은 사람들이 말하기는 즐겁게 해도, 막상 글을 쓰자고 하면 망설인다. 말은 순간의 유희이지만, 글쓰기는 자신과 정면으로 마주하는 작업이기 때문이다. 그러나 이 쓴맛을 견디는 힘이야 말로 글쓰기의 본질이다. 쓴맛을 피하려는 순간 글은 얕아진다. 글쓰기는 결국 자신을 직면하는 용기에서 시작된다.

'쓰다'는 또한 '재료나 도구를 활용한다'는 뜻을 지닌다. 글은 곧 도구이다. 내가 보고 느낀 것을 표현하고, 타인과 나누는 수단이다. 그러나 글은 나를 대신할 수는 없다. 내가 글의 도구가 되어서는 안 된다. 어떤 이는 글을 통해 인정받고자 하다가 글에 끌려다니기도 한다. 하지만 글은 어디까지나 삶을 더 깊이 이해하고, 다른 이와 연결하기 위한 도구여야 한다. 글에 끌려다니는 순간 본질을 잃는다. 글을 다스리는 사람은 언제나 글을 쓰는 나여야 한다.

마지막으로 우리는 어떤 일에 정성을 기울일 때 '마음을 쓴다'고 말한다. 글 역시 그렇다. 형식적으로 쓴 글은 독자의 마음을 움직이지 못한다. 그러나 진심이 담긴 글은 어설퍼도 힘이 있다. 글 속에는 쓴 사람의 마음이 고스란히 배어 있기 때문이다. 독자는 글의 문장보다, 그 문장에 담긴 태도와 진심을 읽는다. 결국 글쓰기란 붓을 잡는 끈기, 쓴맛을 견디는 인내, 도구를 활용하는 기술, 그리고 마음을 다하는 진심이 모였을 때 비로소 완성된다.

2. 글쓰기, 삶을 다듬는 과정

글쓰기는 조각하는 일

조각가는 거친 대리석을 앞에 두고 아직 드러나지 않은 형상을 떠올린다. 그는 눈에 보이지 않는 형체를 마음속에 그린 뒤 망치와 정을 들어 조금씩 돌을 쪼아 낸다. 불필요한 부분은 쳐내고, 마침내 본질적인 형태를 드러낸다.

미켈란젤로는 이렇게 말했다.

"나는 대리석 안에서 천사를 보았고,
그를 자유롭게 할 때까지 깎아 냈다."

글쓰기도 그렇다. 작가는 대리석에 비유할 수 있는 백지에서 아직 세상에 나오지 않은 이야기를 본다. 펜을 들어 생각의 돌들을 두드리며 군더더기를 걷어 내고, 어설픈 문장을 다시 다듬으며 마침내, 자신이 진정으로 전하고자 했던 핵심을 드러낸다.

　이 과정에서 우리는 불가피하게 자신과 마주한다. 무심히 흘려보냈던 감정, 애써 묻어 두었던 기억, 정리되지 않은 사고가 문장 속에서 모습을 드러낸다. 조각가가 한 덩이 돌을 깎으며 자신의 한계와 싸우듯, 작가 또한 글을 쓰며 내면의 갈등과 씨름한다.
　좋은 글은 단번에 완성되지 않는다. 좋은 사람도 마찬가지다. 뛰어난 작가는 타고난 천재가 아니라, 누구보다 끈질기게 쓰고, 더 집요하게 고쳐 쓰는 사람이다. 수없이 지우고 다시 쓰는 가운데 문장은 맑아지고 삶 또한 정제된다. 나쁜 습관은 깎아 나가고, 본질은 선명해지며, 장점은 더욱 세밀하게 다듬어 진다.
　조각가가 수많은 시행착오 끝에 한 덩어리의 돌에서 걸작을 빚어내듯, 우리도 매일의 문장 속에서 자기 자신을 새롭게 만들어 나간다. 글쓰기는 문장을 다듬는 동시에 나라는 작품을 조각해 가는 과정이다. 나 자신을 조각해 가는 과정이다. 글은 곧 나의 얼굴이자 시간이 지나도 남는 자화상이 된다.

글쓰기가 어려운 이유

글쓰기가 어려운 것은 기술이 부족하거나 재능이 모자라서가 아니다. 그 이유는 글쓰기가 자기 자신과 마주하는 일이기 때문이다. 하얀 종이 앞에 앉는 순간, 자신이 가진 모든 것을 드러낼 수밖에 없다. 부족한 사고력, 정리되지 않은 감정, 미완성의 문장이 적나라하게 눈앞에 펼쳐진다. 그렇기에 글쓰기는 언제나 두렵다.

출판사 일을 하면서 많은 작가들이 글을 쓰는 모습을 지켜본다. 어떤 이는 글 한 줄을 쓰기 위해 며칠을 고심하고, 또 다른 이는 쓰는 순간 오히려 해방감을 느낀다. 누군가는 글을 약속이라고 표현했고, 또 다른 이는 용기라고 했다. 고통이라고 말한 사람도 있었다. 표현은 모두 달랐지만, 모두가 공통적으로 인정한 사실이 있다. 글쓰기는 결국 자신과의 진솔한 만남이라는 것이다.

이 만남은 결코 쉽지 않다. 글은 내 안의 깊은 곳을 드러내고, 감춰두었던 생각과 감정을 불러낸다. 때로는 회피하고 싶었던 상처가 되살아나기도 한다. 그래서 글을 쓰면서 자기 고백의 과정을 거치게 된다.

위안이 되는 점은 이 일련의 과정이 모두에게나 공평하게 나타난다는 것이다. 노벨문학상을 받은 작가도, 이제 막 글을 시작한 초보도 예외가 없다. 오늘 쓴 글이 내일 보면 형편없어 보이기도 하고, 사람들이 비웃을까 두려워 손이 멈추기도 한다. 그것은 괴로운 일이기도 하지만 동시에 성장의 계기가 된다.

글을 완성하면서 느끼는 성장의 기쁨도 있다. 한 편의 글, 한 권의 책을 완성했을 때 환희를 느낀다. 백지의 공포를 뚫고 써 내려갔을 때, 두려움은 조금씩 사라지고 성취감이 그 자리를 채운다.

글쓰기는 어렵지만 우리를 성장시킨다. 만약 글쓰기기 쉽기만 했다면 우리는 그 속에서 아무 깨달음을 얻지 못했을 것이다. 깜빡이는 커서 앞에서 느끼는 떨림, 끝내 써 내려간 문장의 뿌듯함, 다시 고쳐 쓰며 얻는 통찰, 그 모든 순간이 쌓여 글이 되고, 동시에 나라는 사람이 새롭게 만들어진다.

그래서 글쓰기는 무엇보다 용기가 필요하다. 두려움이 사라져야만 쓰는 것이 아니라, 두려움 속에서도 손을 움직이는 것, 미완성의 문장을 밖으로 내놓고, 어설픈 생각을 다듬어가며 언젠가 이 글이 누군가의 마음에 닿을 것이라 믿는 것, 그것이 글쓰기를 가능하게 한다.

글은 완벽한 사람이 자기 완성을 드러내려고 쓰는 일이 아니다. 오히려 불완전함을 알고도 용감하게 자기 탐색을 나서는 사람이 자신을 드러내고 성장하기 위해 쓰는 것이다.

글은 나를 세우는 약속이다

글을 쓴다는 것은 곧 내가 어떤 사람이고, 어떤 삶을 살고자 하는지 세상 앞에 내놓는 약속이다. 작가가 자신의 삶의 태도에 대한 가치관을 글로 쓴다면, 이미 그 태도를 완벽히 갖추었기 때문이라기보다, 오히려 그렇게 살고 싶다는 마음을 글로 드러내는 것이기도 하다.

유재석과 이적이 함께 만든 노래 〈말하는 대로〉는 이를 잘 보여 준다.

말하는 대로 말하는 대로
될 수 있다곤 믿지 않았지
믿을 수 없었지
마음먹은 대로 생각한 대로
할 수 있단 건 거짓말 같았지
고개를 저었지

그러던 어느 날 내 맘에 찾아온
작지만 놀라운 깨달음이
내일 뭘 할지 내일 뭘 할지 꿈꾸게 했지

말하는 대로 말하는 대로
될 수 있단 걸 눈으로 본 순간
믿어 보기로 했지
마음먹은 대로 생각한 대로
할 수 있단 걸 알게 된 순간

고갤 끄덕였지

젊은 시절, 믿지 못했던 자신을 돌아보며, '말하는 대로, 생각한 대로 할 수 있다'는 깨달음을 노래한다. 믿음을 갖고 말한 것이 실제 행동으로 이어지고, 결국 삶을 바꾸어 낸 경험을 담고 있다. 글도 이와 같다. 쓰여진 문장은 꿈을 정의하고 그에 맞추어 나를 움직이게 하는 힘이 된다.

글을 쓴다는 건 '저는 OO이라고 생각하는 사람입니다. OO의 가치를 가장 중요하게 생각합니다'라고 세상에 대한 공개적인 선언하는 일이다. 내가 선택한 길에서 벗어나지 않도록 붙잡아 주는 가드레일이자, 무게추처럼 흔들릴 때 균형을 잡아 준다. 심리학에서는 이를 '자기선언(Self-affirmation)'이라고 한다. 글을 쓰며 자신의 신념을 확인하는 순간, 그 가치가 삶의 기준이 되고, 스스로 지켜 내려는 내적 동기가 생긴다. 더 열린 태도로 삶을 대할 수 있게 된다.

자기충족적 예언(Self-fulfilling prophecy)이라는 개념도 있다. 어떤 믿음이나 기대가 실제로 행동에 영향을 주어, 결국 그 믿음이 현실로 이루어지는 현상을 말한다. '나는 시험을 잘 볼 거야'라고 믿으면 그 믿음에 맞게 준비를 철저히 하며, 그로써 더 나은 결과를 얻을 가능성이 커진다. 반대로 은연중에 '나는 실패할 거야'라고 믿는 사람은 그 기대에 맞춰 행동하며, 실제로 실패할 가능성이 높아진다.

글을 쓰는 과정은 자기충족적 예언을 실천하는 좋은 방법이다. '나는 작가로서, 이 원칙대로 살겠다'라고 글로 선언하면, 그 선언이 삶의 기준점이 된다. 잘못된 길을 걸어가려 할 때 나를 잡아 주는 힘이 된다.

문제는 그 반대의 경우에서 발생한다. 내가 쓴 글이 오히려 발목을 잡을 때가 있다. 누군가에게 원칙과 기준을 설파하는 글을 써 놓고 정작 자신의 삶에서는 실천하지 못하면 괴리감이 찾아온다. 자기계발서 『성공하는 사람들의 7가지 습관』으로 세계적인 성공을 거둔 스티븐 코비도 한때 자신이 주장한 이론을 기업 경영해 적용하지 못해 비판받은 적이 있다. 그가 말한 원칙을 사업에 적용하는 데 실패했고, 그로 인해 경영상 어려움을 겪었다. 물론 이후 그는 다시 중심을 잡고 활동을 이어 갔다.

아무리 훌륭한 이론이라도, 삶에서 실천하지 못하면 오히려 그 글은 오히려 짐이 된다. 남들에게는 잘 설명하면서도 정작 자신은 따르지 못하는 경우, 작가는 스스로가 쓴 글에 갇히는 상황이 벌어진다. 자승자박(自繩自縛), 스스로가 만든 줄로 스스로를 옭아 묶는다. 그래서 작가는 끊임없이 자신에게 물어야 한다. '나는 내가 쓴 글대로 살고 있는가?' 글은 자기 선언이자, 다짐이며, 동시에 삶을 이끄는 예언이다. 글에 담긴 약속을 지켜 내려는 과정 속에서 우리는 성장한다. 글은 나를 세우는 약속이다.

꿈과 현실을 잇는 다리

우리는 왜 꿈과 목표를 가져야 할까. 세상에 태어나 아무런 방향 없이 살아간다면, 어디로 나아갈 수 있을까. 목적지가 없는 사람에게는 출발조차 의미가 없다. 그렇기에 누구나 삶을 통해 이루고 싶은 꿈 하나쯤은 가져야 한다. 그것을 소중히 품고, 현실 속에서 그 꿈을 향해 방향을 맞추고 집중해야 한다.

하지만 꿈은 종종 너무 커 보이고, 너무 멀리 있는 것처럼 느껴진다. 사실 크기가 문제는 아니다. 진짜 문제는 출발하지 않는 데 있다. '언젠가 책을 쓰겠다'라고 다짐하면서도 단 한 문장조차 적지 못할 때, 계획을 세웠다가 며칠 만에 흐지부지되는 모습을 마주할 때, 우리는 꿈과 현실의 간극에서 좌절을 느낀다. 결국 인생은 자신이 바라보는 이상적인 모습과 실제로 살아가는 모습 사이의 거리만큼 고통스럽다. 글쓰기는 바로 그 거리를 조금씩 좁혀 가는 과정이다.

꿈과 현실 사이에는 징검다리가 필요하다. 그것은 구체적인 목표 설정과 실행 계획이다. 작가는 스스로에게 던진 질문을 붙잡고, 그 질문에 답하기 위해 다양한 자료와 지식을 탐색한다. 그리고 내린 결론을 글로 옮기며, 매일 한 걸음씩 꿈을 현실로 끌어당긴다. 이렇게 쌓인 과정이 글이 되고, 더 나아가 책이 된다. 방향이 분명해졌다면, 목표를 작은 단계로 나누어 차근차근 실천해야 한다. 쓰고 부족하면 고치고, 한 권의 책이 미흡했다면 다음 책으로 보완하면 된다. 글쓰기란 언제나 다시 시도할 수 있는 열린 실험대다.

말은 줄이고 행동해야 한다. 공자는 눌언민행(訥言敏行)이라 했다. 말은 더디게 하고, 행동은 민첩하라는 뜻이다. 여기서 눌(訥)은 '말이 안에 있다'는 의미로, 말을 함부로 내뱉지 않고 신중히 가려 하는 태도를 뜻한다. 민(敏)은 '스스로를 채찍질하며 재빠르게 움직인다'는 뜻이다. 요컨대 말로 다짐하기보다 행동으로 증명하라는 것이다.

꿈과 현실의 간극을 줄이는 힘은 꾸준한 글쓰기에서 나온다. 화려한 말이나 거창한 선언이 아니라, 매일 쓰고 고치며 쌓아가는 행동이 다리를 놓는다. 글쓰기는 꿈을 현실로 이어 주는 징검다리가 된다.

3. 글쓰기의 기본 원리

창의는 가득 찬 창고에서 나온다

 창의란 새로운 의견을 내고, 이전에 없던 것을 만들어 내는 힘이다. '창의(創意)'의 '창(創)'은 '비롯하디'는 뜻을 담고 있다. 흥미롭게도 이 글자는 창고(倉)와 칼(刂)이 합쳐진 모양이다. 집 안 창고에 쌓인 재물을 꺼내거나 베어 내어 무언가를 시작하는 모습을 떠올리게 한다.
 무언가를 시작하려면 먼저 창고 안에 채워진 것이 있어야 한다. 창고가 텅 비어 있다면 꺼낼 것도, 베어 낼 것도 없다. 새로움을 만들기 위해서는 반드시 이전의 것을 알아야 하며, 경험과 지식이 먼저 쌓여야 한다. 방향도 방법도 모른 채로는 창의가 발휘되기 어렵다.
 창의성은 무(無)에서 유(有)를 만드는 마술이 아니다. 이미 존재하는 것들을 새롭게 조합하고 연결하여, 전혀 다른 결과를 만드는 과정이다. 자신이 쌓아 온 지식과 경험을 재료 삼아 그 속에서 새로운 관계를 발견하고, 기존의 틀을 변형한다. 문제 해결의 방식이 하나뿐이라고 믿는 순간 창의의 길은 닫힌다. 대신 낯선 관점을 받아들이고 재해석하며, 서로 다른 분야의 아이디어와 부딪칠 때 새로운 길이 열린다.

결국 창의적 사고는 기존의 지식과 경험을 통합하거나 변형하는 데서 비롯된다. 다른 분야의 아이디어를 융합하여 새로운 해결책을 찾고, 많이 보고 들어야 한다. 많은 시행착오를 통해 배우며 발전해야 한다. 내 안의 창고가 가득 차 있을 때, 그 안에 차곡차곡 쌓인 것들이 어느 날 뜻밖의 연결을 이루며, 누구도 예상치 못한 새로운 가치로 탄생한다. 창의는 바로 그 순간 시작된다.

질문하는 인간

AI가 가장 어려워하는 일이 무엇일까? 바로 창의적인 일이다. 아르키메데스는 목욕탕에서 깨달음을 얻고 '유레카!'를 외쳤고, 뉴턴은 사과가 떨어지는 순간 만유인력의 법칙을 떠올렸다. 이처럼 위대한 발견은 기존 지식을 반복하는 과정이 아니라, 전혀 다른 연결을 만들어 내는 순간에서 탄생한다. 그렇다면 ChatGPT에게 사과가 떨어지는 이유를 묻는다면 어떤 답이 돌아올까?

아마도 '자연의 필연적인 현상이며, 인생의 예상치 못한 일도 결국 흐름의 일부로 받아들일 수 있다'거나 '원인과 결과의 관계로 해석할 수 있다'는 식으로, 다양한 철학적, 물리적 의미를 정리해 줄 것이다. 정보는 풍부하고, 문장은 매끄럽지만, 그 속에는 처음 보는 관점이 없다. AI는 세상에 이미 존재하는 지식을 조합해 보여 줄 수는 있지만, 질문을 만들어 내거나 전혀 새로운 해석을 창조하지는 못한다.

왜냐하면 창의의 출발점은 질문이기 때문이다. 질문을 던지는 순간, 우리는 기존의 틀을 벗어나 다른 가능성을 탐색하게 되고, 이 탐색이 곧 창조로 이어진다. AI는 질문을 받으면 답할 수 있지만, 스스로 질문하지 못한다. 인간이 기계와 근본적으로 다른 이유가 여기에 있다.

김정일 교수는 '컴퓨터의 목적은 연산과 저장이지만, 인간의 목적은 이해와 평가'라고 말한다. 인간은 환경과 조건, 그리고 감정과 경험에 따라 같은 질문에도 전혀 다른 답을 내릴 수 있다. 반면 AI는 같은 질문에는 같은 답만을 내놓는다. 익숙한 대답이 도움이 될 수 있지만, 창의적인 새로운 관점이 문제 해결에 더 중요할 때가 많다.

결국 창의는 단순한 재조합이 아니라, 세상에 없던 질문을 던지는 능력이다. 그 질문이 때로는 사소해 보일 수 있지만, 그 안에서 새로운 길이 열린다. 아르키메데스의 유레카, 뉴턴의 사과, 그리고 우리가 일상에서 마주하는 작은 의문들까지 모두가 창의의 씨앗이 될 수 있다. 질문할 수 있는 한, 인간은 여전히 기계가 따라올 수 없는 창조의 영역에 서 있는 것이다.

생각에 대한 생각

 우리가 자주 빠지는 착각이 있다. 들은 말이나 읽은 문장을 곧장 내 생각이라고 믿는 것이다. 책에서 '때에 맞는 공부는 즐겁다'는 구절을 읽었을 때, 우리는 그 말이 깊이 와닿을 수 있다. 하지만 그것은 어디까지나 누군가의 문장이지, 아직은 나의 생각이 아니다. 그대로 옮기기만 하면 나는 생각하는 사람이 아니라, 단지 베껴 쓰고 전하는 사람에 머물게 된다. 모든 배움에서 중요한 건, 그 위에 내 생각을 덧입히는 일이다. 거기에 나만의 색과 결을 더해야 비로소 나의 생각이 된다. 한 생각을 더 얹는 사람, 그것이 진짜 생각하는 사람이며, 그 생각을 글로 옮기는 사람이 작가다.

 글쓰기는 이 생각 위의 생각을 훈련하는 좋은 방법이다. 글을 쓰다 보면 내가 하고 있는 생각이 어떤 것인지, 그 뿌리가 어디에 있는지를 살펴보게 된다. 이것을 메타인지라고 한다. 메타인지는 내가 지금 무엇을 알고 있고, 무엇을 모르는지, 어떻게 생각하고 있는지를 스스로 점검하고 인식하는 능력을 말한다.
 공부를 잘하는 사람들의 공통점은 자기 인식이 명확하다는 것이다. 무엇을 알고, 무엇을 모르는지를 정확히 알고, 모르는 것은 인정하고 배우려 한다. 반대로, 대충 아는 척하는 사람은 모른다는 사실을 외면하며 배움의 기회를 흘려보낸다.

김경일 교수는 메타인지에 대해 이렇게 설명했다. '메타인지는 친숙함으로 판단하여 불필요한 뇌 검색을 막고, 다음 행동으로 나아가게 해 주는 고마운 도구다.' 하지만 여기에도 함정이 있다. 메타인지는 익숙함을 기준으로 삼기 때문에, 처음 떠오른 생각을 쉽게 버리지 못하게 만든다. 그래서 한 분야에서 오래 일한 사람일수록 선입견에 사로잡혀 고집이 세지고, 고정관념으로 일관하기도 한다.

익숙함이 생각의 발전을 막아 버리는 것이다. 작가는 글을 쓰면서 이런 함정에 빠지지 않기 위해 스스로를 끊임없이 점검한다. 내가 하는 말이 맞는지, 단어는 올바르게 쓰였는지, 맞춤법은 틀리지 않았는지, 문장은 적절한지를 늘 살펴야 한다. 글 한 줄에도 수십 번씩 마음속으로 질문을 던진다.

이 과정에서 글은 거울이 된다. 문장을 쌓는 동안 우리는 자신을 비춰 보고, 때로는 뜻밖의 내면을 발견한다. 어떤 사건을 기록하다가 그때 느꼈던 감정이 다시 떠오르고, 미처 몰랐던 내 마음속 풍경이 드러나기도 한다. 글쓰기는 현재의 나를 기록하는 동시에, 과거를 다시 바라보고, 미래의 방향을 가다듬는 기회를 준다. 생각에 대한 생각은 결국 삶의 브레이크 역할을 한다. 행동하기 전에 한 번 더 살펴보고, 쓰기 전에 한 번 더 질문하는 힘이다.

글을 쓰며 나를 돌아본다. 글을 쓰는 과정은 단지 단어와 문장을 나열하는 것이 아니라, 자기 자신을 들여다보는 여정이다. 내가 무엇을 느끼고, 무엇을 생각하는지 하나하나 들여다보게 된다. 문장을 써 내려가며 내 마음속 깊은 곳의 감정이나 무의식 속에 숨겨졌던 생각들이 자연스럽게 드러난다.

어떤 사건이나 상황을 글로 표현하다 보면 새로운 시선으로, 다른 관점으로 바라보게 된다. 그러면 한 가지로만 해석하던 일을 다면적으로 생각할 수 있는 기회가 된다. 글을 쓰면서, 다양한 입장에서 생각하고 세상을 이해하는 폭을 키운다.

다양한 삶의 시선으로 공감하고 비판하며 성장하다 보면 삶의 목표나 문제를 어떻게 해결할지에 대한 해답이 자연스럽게 떠오른다. 이미 세상 속에 있던 많은 문제와 해결책을 간접적으로 경험하고, 공감하여 내 삶으로 가져와 자신의 문제 해결에 좋은 실마리를 찾는다.

속도는 리듬을 만든다

작가들은 작품을 통해 자신의 세계를 다른 사람들과 공유하고 싶어한다. 자신이 알고 있는 것을 나누고, 그 작은 앎이 누군가에게 도움이 되는 것에서 행복을 느낀다. 그래서 작품에 열정을 쏟고 심혈을 기울인다.

하지만 글을 쓰다 보면, 누구나 흔들리는 순간을 겪는다. '내 이야기를 사람들이 궁금해할까? 이건 나만의 사소한 경험 아닌가?'라는 의문이 떠올라 손이 멈춘다. 이때 필요한 것이 바로 속도다. 의심이 덮치기 전에 빠르게 쏟아 내야 한다. 한 번 흘려 쓴 글은 이후에 편집할 수 있고, 필요하다면 걷어 낼 수도 있다. 그러나 쓰지 않은 글은 그 자체로 아무것도 남지 않는다. 속도를 내어 써 내려가는 순간, 생각은 구체적인 형태를 갖추고, 나중에 다듬을 수 있는 토대가 된다.

이를 위해 기한을 정하는 것이 중요하다. 시간이 다가올수록 집중력과 생산성이 높아지는 '마감효과'는 창작자에게 강력한 동력이 된다. 자료 정리에 일주일, 초안 작성에 2주, 길어도 한 달. 이렇게 스스로를 몰아붙여야 한다. 시간을 넉넉히 잡으면 오히려 열의가 식고, 처음 품었던 문제의식마저 흐려진다.

창작의 초기 단계에서는 완벽을 기대하지 않는 것이 좋다. 초안은 그 자체로 불완전한 것이고, 다듬어 가면서 비로소 글이 된다. 중요한 것은 흐름을 끊지 않고 쏟아 내는 것이다. 멈추어 서서 의심하는 대신, 속도로 밀어붙이며 글을 내놓을 때 비로소 아이디어가 선명해진다.

창작은 결국 시도와 수정의 반복이다. 시작은 어설퍼도 괜찮다. 속도와 양을 우선하다 보면 글은 자연스럽게 리듬을 타게 된다. 속도는 글을 완성으로 이끄는 추진력이며, 동시에 자기 의심을 넘어설 수 있는 가장 확실한 방법이다. 속도를 낼 때 리듬이 생기고, 그 리듬이 끝까지 글을 이어 준다.

2장

글쓰기로 이어지는 읽기

운동을 하려면 운동화가 필요하고, 여행을 하려면 계획이 있어야 한다. 물론 맨발로도 운동할 수 있고, 무계획 여행도 가능하다. 그러나 준비 없이 시작한 운동과 여행은 대체로 후회를 남긴다. 글쓰기 역시 마찬가지다. 글을 쓰려면 먼저 해야 할 일이 있다. 바로 정보의 축적이다.
　아무것도 모르는 상태로 책상 앞에 앉아 펜을 쥔다고 해서 글이 쉽게 써지지 않는다. 이는 방향도, 목적지도 없이 망망대해에 구명보트 하나 띄워 놓고 버티는 것과 같다. 여행에 대해 글을 쓰려면 여행에 대한 정보가 있어야 하고, 요리에 대해 글을 쓰려면 요리에 대한 이해가 필요하다. 물론 직접 체험이 가장 좋은 방법이지만, 모든 분야를 몸으로 직접 겪을 수는 없다. 시간과 비용, 환경의 제약이 있기 때문이다. 이 부족함을 보완하는 효율적인 방법이 바로 독서다.

1. 어떻게 읽느냐가 글쓰기를 좌우한다

간접경험과 직접경험

　경험은 크게 직접경험과 간접경험으로 나눌 수 있다. 직접경험은 말 그대로 스스로 몸으로 부딪쳐 얻은 경험이다. 여행을 예로 들면, 출발 전 계획 세우기부터 현지에서 길을 잃고 헤맨 일, 예상치 못한 바가지, 뜻밖의 만남과 감동까지 모두 직접경험의 영역이다. 직접경험은 생생한 감정과 구체적인 기억을 남긴다.
　반면 간접경험은 매개를 통해 얻은 지식과 정보이다. 책, 강의, 대화, 다큐, 여행기를 통해 얻는 경험이 여기에 속한다. 프라하에 가 본 적이 없어도 책을 읽고, 여행 프로그램을 보고, 다녀온 사람의 이야기를 들으면 우리는 간접적으로 프라하를 경험할 수 있다.

　가장 이상적인 것은 간접경험이 바탕이 된 직접경험을 하는 것이다. 예를 들어, 프라하 여행 전, 관련 서적이나 영상을 먼저 접하면 현지에서 시행착오를 줄이고, 더 깊이 있는 여행을 할 수 있다. 운동도 마찬가지다. 무작정 헬스장에 가기보다, 유튜브나 책을 통해 기본 동작과 원리를 알고 가면 훨씬 수월하게 배운다.

물론 모든 것을 직접 경험할 수 없기에, 우리는 독서를 통해 대체한다. 책은 다른 간접경험들보다 정보의 정확성과 깊이가 있다. 한 권의 책이 세상에 나오기까지 저자는 방대한 자료를 모아 주제를 체계적으로 정리한다.

모든 것을 직접 경험할 수는 없다. 인생에는 한 번뿐인 선택과 되돌릴 수 없는 순간이 많기 때문이다. 결혼이나 육아처럼 반복 학습이 불가능한 영역에서 우리는 시행착오를 줄일 길이 거의 없다. 바로 이때 책이 현실적인 길잡이가 된다. 저자가 쌓아 온 수십 년의 삶과 연구가 압축된 한 권의 책은, 마치 여러 번 살아 본 사람의 지혜를 미리 빌려 쓰는 것과 같다. 독서는 단순히 지식을 쌓는 행위가 아니라, 직접경험을 보완하고 준비하는 가장 효과적인 방법이다. 그래서 글쓰기는 곧, 자기 경험과 간접경험을 엮어 다른 이들의 시행착오를 줄여 주는 일이라 할 수 있다.

왜 읽어야 하는가

성공한 사람들은 대부분 책을 가까이한다. 수능 만점자가 교과서 위주로 충실히 공부했다고 말하듯 다소 뻔하게 들릴 수 있지만 이는 부인할 수 없는 사실이다.

세계 최고의 부자 중 한 명으로 손꼽히는 빌 게이츠는 일정 기간 동안 외부와의 연락을 끊고 책 읽기에 몰입하는 생각 주간(Think Week)을 가진다. 새로운 아이디어를 얻고, 사회 변화나 신기술에 대한 흐름을 읽는 시간이다. 워런 버핏 역시 하루의 절반 이상을 독서에 투자한다. 그는 '지식은 복리처럼 쌓인다. 매일 조금씩 읽는 것이 가장 큰 자산'이라고 말한다. 독서는 변화를 읽는 힘, 창의성을 높이는 힘, 삶을 발전시키는 힘을 준다.

읽기의 방법을 고민하기 전에 먼저 '왜 읽는가'를 분명히 해야 한다. 이유를 아는 사람은 스스로 방법을 찾아낸다. 독서를 해야 하는 이유는 크게 세 가지로 정리할 수 있다.

첫째, 언어 능력이 향상된다.

비트겐슈타인은 '내 언어의 한계가 내 세계의 한계'라고 했다. 언어의 폭이 넓어질수록 세계를 바라보는 시야도 넓어진다. 독서는 단순히 단어를 많이 아는 것이 아니라, 그 단어들을 적재적소에 사용할 수 있는 능력을 길러 준다.

　모르는 단어를 찾아보고, 좋은 문장을 필사하며, 오래 기억에 남기려 애쓰는 과정에서 어휘력은 물론 표현력과 논리력이 자란다. 같은 '슬픔'을 표현할 때도 '서글픔', '허탈함', '애통함', '쓸쓸함'은 서로 다른 결을 가진다. 단어를 많이 아는 사람은 미묘한 차이를 포착하고, 그것을 글과 말 속에 살아 있게 담아낸다.

　또한, 독서는 문장 구조와 표현의 폭을 넓힌다. 짧고 단호한 문장, 유려하게 흐르는 문장, 은유와 비유가 섞인 문장 등 다양한 스타일에 노출되면, 글을 쓰거나 말을 할 때 선택할 수 있는 표현의 도구가 많아진다. 언어 능력이란 결국 '생각을 정확하고 풍부하게 전달하는 힘'이며, 독서는 그 힘을 확실하게 키우는 훈련이다.

　둘째, 문해력이 향상된다.

　문해력은 글을 읽고 이해하는 능력이다. 이는 단순히 글자를 알아본다는 의미를 넘어, 글의 맥락과 함의를 파악하고, 그 속에 담긴 의도와 배경을 읽어 내는 힘이다.

　문해력이 뛰어난 사람은 책을 읽으면서도 동시에 저자의 관점, 역사적 상황, 등장인물의 심리를 함께 분석한다. 이를 통해 단순히 줄거리를 아는 것을 넘어, 글이 놓여 있는 '맥락'을 이해한다.

　한 문장을 읽을 때, 그 문장이 위치한 단락의 흐름, 책 전체의 구조, 그리고 저자가 살아온 시대적 배경까지 고려하는 것이 문해력이다. 이런 능력은 대화에서도 그대로 적용된다. 누군가의 말 한마디를 그 사람의 상황, 감정, 관계 속에서 이해할 수 있게 한다.

또한 문해력은 새로운 지식을 빠르게 흡수하는 능력과도 직결된다. 동일한 정보라도 문해력이 높은 사람은 핵심을 빨리 파악하고, 불필요한 정보를 걸러 내며, 자신이 이미 알고 있는 지식과 새로운 지식을 연결한다. 이 과정에서 사고력과 판단력까지 함께 성장한다.

셋째, 인지 능력이 향상된다.

독서는 뇌를 다방면으로 자극한다. 글자를 눈으로 보고, 의미를 해석하며, 맥락을 파악하고, 새로운 정보와 기존 지식을 연결하는 과정이 동시에 일어난다. TV나 영상 시청이 주로 '수동적 정보 수용'에 머문다면, 독서는 '능동적 정보 가공'의 연속이다.

같은 분야의 책을 여러 권 읽다 보면 그 분야의 지식이 머릿속에서 체계를 형성한다. 심리학 책을 5권 이상 읽으면 이후 다른 심리학 서적을 볼 때 훨씬 빠르게 이해할 수 있고, 자신만의 관점으로 재해석할 여유도 생긴다.

인지 능력이란 받아들이고, 저장하고, 꺼내 쓰는 일련의 과정이다. 독서는 이 과정을 훈련한다. 읽은 것을 기록하거나, 남에게 설명해 보는 습관은 인출 능력을 강화해 앎을 확실히 자기 것으로 만든다. 공자가 말했듯, '아는 것을 안다 하고, 모르는 것을 모른다 하는 것'이 진정한 앎이다. 독서는 이 솔직한 인정과 깨달음을 가능하게 한다.

무엇을 읽을 것인가

많이보다 '무엇을 하느냐'가 중요하다. 독서도 무조건 많이 읽는 것보다, 자신의 목표와 직결된 책을 선택해 읽는 것이 훨씬 더 의미 있다. 새로운 기술을 배울 때도 단기적 유행보다 장기적인 가치를 먼저 따져야 한다. 5년, 10년 뒤에도 여전히 쓰일 기초 기술을 익히는 편이 더 현명하다. 유한한 시간 속에서 불필요한 인풋을 줄이고, 가치 있는 것을 먼저 채워 넣는 선택이 필요하다.

주유소에는 여러 연료가 있다. 휘발유, 경유, LPG, 고급 휘발유 등 차의 종류에 맞는 연료를 넣어야 한다. 잘못된 연료를 넣으면 차가 고장 나듯, 글쓰기의 인풋도 아무거나 쌓는다고 좋은 글이 나오는 것은 아니다.

우리에게 맞는 연료는 무엇일까? 어떤 책을 우선 읽어야 할까?

첫째, 전문성을 높이는 책을 읽는다.
지금 하고 있는 일이나 관심 있는 분야를 깊이 다루는 책에 집중해 보자. 특정 주제를 놓고, 열 권, 스무 권 정도만 이어 읽어도 전문가가 아니더라도 그 분야의 큰 그림을 그릴 수 있다. 처음에는 흩어져 보이던 지식들이 어느 순간 하나의 지도로 연결되면서, 세부적인 정보들까지 자리를 찾아가기 시작한다.

글쓰기도 다르지 않다. 예를 들어, '카페 창업'에 관한 글을 쓰고 싶다면 커피 맛만 아는 것만으로는 부족하다. 원두와 로스팅, 인테리어, 창업 경영, 서비스 마케팅까지 다양한 관점을 함께 읽어야 비로소 카페라는 세계가 입체적으로 다가온다.

전문성이란 하루아침에 생기지 않는다. 꾸준히, 그리고 집중적으로 읽어야 한다. 여러 책에서 얻은 지식이 서로 이어지며 체계가 만들어질 때, 비로소 글은 단순한 경험담을 넘어 설득력을 갖는다. 글을 잘 쓰고 싶다면 가장 먼저, 자신이 관심이 있는 분야에서 기초를 단단히 다져야 한다. 그 토대가 견고해질 때 시야는 더 멀리, 더 넓게 확장된다.

둘째, 고전을 읽는다.

고전은 오랜 검증 기간을 견뎌 내며 사람들의 삶 속에서 끊임없이 재해석되고, 살아남은 책이다. 수많은 책들이 출간되었다가 잊히지만, 고전은 시대와 문화의 벽을 넘어 여전히 읽힌다. 고전은 인간이 직면하는 근원적인 문제를 다루기 때문이다. 사랑과 죽음, 권력과 정의, 자유와 운명 같은 질문은 고대나 현대나 크게 다르지 않다. 고전 속에는 이 질문들에 대한 진지한 탐구와 통찰이 담겨 있다.

고전을 읽는다는 것은 우리가 지금 서 있는 자리에서 다시 스스로 묻고 답하는 과정이다. 플라톤의 『국가』를 읽으면 정의와 공동체의 의미를 다시 고민하게 되고, 『논어』를 읽으면 인간관계와 삶의 태도에 대한 반추가 시작된다. 『돈키호테』나 『햄릿』을 통해서는 인간의 모순과 아이러니를 발견한다. 이렇게 고전은 수천 년의 세월을 건너 오늘의 우리에게 직접 말을 걸어온다.

『손자병법』은 병법서이지만 오늘날 경영 전략, 협상, 자기 경영에도 유용한 지침이 된다. 톨스토이의 『전쟁과 평화』는 인간이 역사의 흐름 속에서 어떻게 선택하고 살아가는지를 보여 준다. 고전을 읽으면 과거의 교훈을 현재의 문제 해결에 적용하는 힘이 길러진다. 무엇보다 고전은 우리를 겸손하게 만든다. 이미 오래전에도 우리가 부딪히는 고민과 똑같은 질문을 던지고, 나름의 답을 찾으려 했던 사람들이 있었다는 사실을 깨닫게 되기 때문이다.

셋째, 시를 읽는다.

시는 은유와 함축을 통해 세상을 바라보게 한다. 소설이 장면과 이야기를 펼쳐 보여 준다면, 시는 단 한줄로도 세상의 풍경과 감정을 응축해 담는다. 시를 읽으면서 짧은 문장에 숨어 있는 의미를 찾고 상상력을 풀어내는 경험을 한다.

시는 또한 우리의 언어 감각을 날카롭게 만든다. 일상적인 사물을 전혀 다른 시각으로 바라보게 하고, 평범한 단어도 새로 빛나게 한다. 예를 들어, 바람이라는 단어는 단순한 기상현상이 아니라 자유, 그리움, 시간의 흐름을 상징한다. 단어 하나가 여러 차원의 의미를 가질 수 있다는 사실을 시를 통해 배우게 된다.

무엇보다 시는 글쓰기의 감각을 훈련하는 가장 좋은 도구다. 한 줄의 시 속에서 우리는 압축된 언어, 새로운 시선, 감각적인 표현을 동시에 배운다. 시를 읽으면서 문장을 간결하게 다듬는 힘을 기르고, 글에 울림을 더하는 법을 체득한다.

2. 어떻게 읽을 것인가

　책 읽는 방법을 배워야 하는 이유는 더 많이 읽기 위해서가 아니다. 같은 책이라도 어떻게 읽느냐에 따라 남는 것이 달라지기 때문이다. 누군가는 한 권을 읽고 단순한 줄거리만 기억하지만, 다른 이는 그 책에서 삶을 바꾸는 통찰을 얻는다. 차이는 읽는 방식에서 생긴다.

　또한 책은 저자의 경험과 사고를 압축해 담은 결과물이다. 그 방식을 제대로 이해하지 못하면 지혜가 흘러가 버린다. 그러나 방법을 알고 읽으면 저자가 걸어간 길 위에서 더 멀리 나아갈 수 있다. 책을 읽는다는 것은 저자가 만들어 준 지도를 보며 길을 찾아가는 것이다. 지도 없이 걸으면 오래 헤매지만, 길을 아는 사람은 여유롭게 풍경을 즐길 수 있고 새로운 길도 찾아낸다.

다르게 읽는 방법

어떻게 하면 평범한 책읽기를 비범하게 바꿀 수 있을까? 무언가 특별한 기술이 있을 것 같지만 사실 작가들이 책을 읽는 방식은 놀라울 만큼 단순하다. 그저 치열하게 읽는 것이다. 무언가를 만들어 내기 위해 끊임없이 생각하며 읽는 과정, 그 치열함이 평범한 독서를 비범한 독서로 바꾼다.

작가들은 어떤 방식으로 책을 읽을까?

첫째, 마감 시간을 정하며 읽는다.
책을 읽기 전에 '이 책을 언제까지 읽겠다'는 목표를 세워보자. 시간 제한이 없으면 독서는 쉽게 미뤄지고, 흐름이 끊긴다. 마감은 집중력을 높이고 읽는 동안 몰입감을 유지하게 한다.
기한이 주어질 때 중요하지 않은 부분은 과감히 걸러 내고, 핵심을 더 선명하게 잡아낸다. 이렇게 정해진 시간 안에 읽는 습관이 쌓이면, 독서 속도와 효율이 함께 올라간다.

둘째, 질문하며 읽는다.
책을 펼치기 전, 먼저 스스로에게 물어야 한다. '이 책에서 무엇을 얻고 싶은가?' 읽는 동안에도 질문은 멈추지 않아야 한다. '이 내용은 내 삶과 어떻게 연결되는가?', '이 생각을 글로 옮긴다면 나는 어떻게 표현할까?' 같은 물음은 읽는 행위를 생각하는 행위로 바꿔 준다.

이때 떠오른 생각을 바로 메모로 남겨 두면, 그 기록은 나중에 글감으로 자연스럽게 이어진다. 질문과 메모가 쌓이면, 책 한 권은 더 이상 소비되고 사라지는 종이가 아니라, 살아 있는 자료 창고가 된다.

많은 이들이 여전히 책을 처음부터 끝까지 한 글자도 놓치지 않으려는 방식으로 읽는다. 하지만 이런 독서는 시간이 오래 걸릴 뿐, 다 읽고 나서 남는 것이 거의 없다. 기억에 남고 활용할 수 있는 독서를 하려면 질문하는 독서를 해야 한다. 질문은 독서를 생각으로, 생각을 글쓰기로 이어 주는 강력한 도구다.

셋째, 가볍게 통독하고 재독한다.

처음부터 모든 문장을 완벽히 읽으려 하면 부담이 커지고 속도가 떨어진다. 첫 독서는 가볍게 훑어 책의 구조와 흐름을 파악해야 한다. 전체를 조망한 뒤, 가치 있다고 판단되는 책은 두세 번 다시 읽는다. 이렇게 하면 시간은 절약되면서도 깊이 있는 독서가 가능하다. 통독은 숲을 보고, 재독은 나무를 보는 과정이다. 이 두 단계가 모두 있어야 독서가 완성된다.

넷째, 같은 주제의 여러 책을 읽는다.

한 분야의 책을 여러 저자의 시각으로 읽으면 입체적으로 이해할 수 있다. 같은 주제를 다르게 설명하는 방식을 비교하면, 그 주제에 대한 이해가 확장되고 글감이 풍성해진다. 심리학을 공부한다면, 이론서와 사례집, 대중 심리서까지 골고루 읽어 보자. 서로 다른 접근법이 만나면 머릿속에서 새로운 연결이 생긴다. 그 연결이 곧 창의적 글쓰기의 재료가 된다.

다섯째, 반론을 제기하며 읽는다.

책을 읽을 때, 우리는 종종 저자의 말에 그대로 끌려가 버린다. 저자가 던지는 주장과 사례를 받아들이기만 하면, 책은 그저 정보로 소비되고 만다. 글을 쓰려는 사람이라면 책을 비판적으로 읽어야 한다. 비판은 흠을 잡거나 부정하려는 것이 아니다. 동의와 반대, 보완과 의문을 생각하며 읽는 것이 바로 비판적 독서이다.

예를 들어, 저자가 '성공은 노력의 산물이다'라고 주장했다면, 독자는 '정말 모든 성공이 노력만으로 설명될 수 있을까?'라거나 '환경과 운은 어디까지 작용할까?'와 같은 질문을 던져야 한다. 이 과정에서 책은 대화 상대가 된다. 책과 나눈 토론에서 얻은 내 반론과 의문은 글을 쓰는 데 요긴한 재료가 된다.

가벼운 책에서 시작하기

책과 친하지 않은 사람이라면 쉬운 책부터 시작해야 한다. 만화책도 괜찮다. 단, 단순히 웃고 즐기는 오락용 만화가 아니라, 어린이 고전처럼 쉽게 이해되면서도 양질의 내용을 담은 책을 권한다. 만화책은 복잡한 이론도 간단히 풀어 주기에 첫걸음으로 제격이다. 무엇보다 책을 읽는 재미를 붙이는 것이 우선이다.

그다음 단계로는 얇은 책을 선택해 보자. 서점에 가면 부담 없이 읽을 수 있는 얇은 책들이 많다. 물론 얇다고 다 쉬운 것은 아니다. 생각보다 난해한 책들도 있으니 고를 때 주의해야 한다. 오그 만디노의 『위대한 상인의 비밀』이나 김경일 교수의 『창의성이 없는 게 아니라 꺼내지 못하는 것입니다』 같은 책은 분량은 짧지만 메시지가 분명하다. 이런 책을 읽으며 핵심을 정리하고 요약하는 연습을 해 보면 좋다.

얇은 책에 익숙해졌다면 이제는 두꺼운 책에 도전해 보자. 스티븐 핑커의 『우리 본성의 선한 천사』는 무려 1,400페이지에 달한다. 『인간 본성의 법칙』, 『코스모스』, 『총, 균, 쇠』 같은 벽돌책도 도전할 만하다. 한번 이런 책을 완독하고 나면, 일반적인 200~300페이지 분량의 책들은 한결 가벼워질 것이다.

운동 선수에게 '어떻게 하면 3km를 잘 뛸 수 있을까요?'라고 묻자, 이렇게 답했다고 한다.

"힘들면 5km를 뛰어 보세요. 그래도 힘들면 10km를 뛰세요."

3km도 버거운데 5km, 10km라니 말이 안 되는 것처럼 들린다. 그러나 실제로는 가능하다. 기준을 5km에 맞추면 3km는 훨씬 쉽게 느껴진다. 사람은 어떤 기준을 세우느냐에 따라 전혀 다른 사람이 된다. 두꺼운 책 한 권을 완독하면 독서의 기준이 달라지고, 얇은 책은 더 이상 부담스럽지 않다.

핵심은 부담 없는 독서다. 억지로 읽으면 숙제가 되고, 숙제가 되면 고통이 된다. 독서는 자발적으로 해야 즐겁다. 그러니 가볍게 시작해 점차 기준을 높여 가는 것이 좋은 방법이다.

뷔페식 독서

집밥은 익숙함과 안정감을 준다면, 뷔페는 다양한 선택지를 제공한다. 독서도 마찬가지다. 익숙한 분야만 읽으면 편안하지만, 새로운 분야에 도전해야 시야가 넓어진다. 그래서 나는 뷔페식 독서법을 활용한다.

이 방법은 간단하다. 뷔페에 가면 누구나 하는 일이 있다. 첫째, 좋아하는 음식을 담는다. 둘째, 맛있게 먹는다. 셋째, 후기를 남긴다. 책읽기도 마찬가지다. 첫째, 내가 좋아하고 필요한 부분을 찾아낸다. 둘째, 흥미를 가지고 즐겁게 읽는다. 셋째, 읽은 것을 기록한다. 이렇게 하면 책읽기는 그 자체로 맛있는 경험이 된다.

책을 처음부터 끝까지 읽으려 애쓸 필요는 없다. 지금은 정보의 홍수가 밀려드는 시대이다. 무작정 책 한 권을 다 읽는 것은 비효율적이다. 중요한 것은 선택적 발췌다. 꼭 필요한 부분만 뽑아내는 능력, 즉 목적에 맞는 정보와 통찰을 선별하는 기술이 필요하다. 독서는 그 능력을 훈련하는 최고의 도구이다.

그렇다면 선택적 발췌는 어떻게 할까?

첫째, 책을 처음부터 끝까지 다 읽어야 한다는 생각을 버린다.
둘째, 목차를 펼쳐 궁금하거나 꼭 읽어야겠다고 느끼는 부분만 고른다.
셋째, 필요한 부분만 펼쳐 읽고, 인상 깊은 대목은 반드시 메모한다.
넷째, 다 읽은 뒤에는 A4 한 장에 핵심 내용, 느낀 점, 앞으로의 실행 계획을 정리한다.
다섯째, 책등에는 잘 보이게 내가 붙인 새로운 제목을 적는다.

여섯째, 책을 책꽂이에 꽂아 두고, 지나다니며 시선을 줄 때마다 내용을 떠올린다.

이렇게 여섯 단계를 거치면 비로소 뷔페식 독서법이 완성된다.

뷔페에서 모든 음식을 먹을 수 없듯, 책도 처음부터 끝까지 다 읽을 필요는 없다. 목차를 기준으로 필요한 부분만 골라 읽어도 충분하다. 중요하다고 생각하는 한 문장만 건져도 그 책은 이미 제 역할을 다한 것이다. 핵심을 요약하고, 실행 계획을 적어 두면 지식이 삶 속에 뿌리내린다. 책등에 나만의 제목을 붙여 두면, 훗날 다시 꺼내 들었을 때 즉시 내용을 떠올릴 수 있다.

독서의 세계에서 다양성을 추구해야 한다. 뷔페에 가면 여러 음식을 맛보듯, 여러 분야의 책을 읽으면 새로운 관점을 받아들일 수 있다. 그 과정에서 식상한 글이 아닌 특색 있는 글쓰기가 가능해진다.

한 호흡에 읽기

책읽기에 좋은 방법 중 하나는, 앉아서 일어나기 전까지 한 번에 읽는 것이다. 아마존의 아나콘다는 한 번 물면 놓지 않는다. 몸집이 큰 동물도 통째로 삼켜 천천히 소화한다. 독서도 마찬가지다. 일단 책을 붙들었다면 다 삼킬 때까지 놓지 말아야 한다. 소화는 나중의 일이다. 중요한 건 끝까지 읽어 내는 것이다. 그래야 휘발되지 않는다. 쉽게 말해 자리에 앉으면 끝까지 읽고 나서 일어나야 한다.

책을 한 번에 끝까지 읽으면 구조와 논리를 제대로 파악할 수 있다. 책이 전하려는 핵심 주제, 등장인물의 감정선, 그리고 사건의 흐름을 온전히 따라갈 수 있다. 반대로, 책을 나누어 읽으면, 큰 줄거리는 기억나더라도 작은 사건이나 인물의 섬세한 감정 변화는 쉽게 흐려진다. 결국 전체적인 맥락이 끊겨 책이 가진 메시지를 놓치기 쉽다. 특히 소설이나 이야기 중심의 책에서 이 방법이 더 효과적이다.

3D 프린터를 떠올려 보자. 3D로 인쇄할 때, 한쪽만 먼저 완성되는 것이 아니라 전체 구조가 동시에 층층이 쌓이며 올라간다. 독서도 그렇다. 책을 한 번에 읽어야 전체의 흐름 속에서 이해가 켜켜이 쌓인다.

이 방법은 생각만큼 어렵지 않다. 앞서 말한 뷔페식 독서법을 활용하면 전부를 읽지 않아도 된다는 전제가 있기에 부담이 적다. 꼭 필요한 책이라면 끝까지 읽어 내는 것이 더 효율적이다. 나누어 읽으면 맥락이 흩어지지만, 한 번에 읽으면 흐름이 온전히 내 안에 남는다.

읽기의 리듬

레이싱 경주를 떠올려 보자. 직선 구간에서는 속도를 최대한 끌어올리고, 코너에서는 속도를 줄인다. 속도의 강약 조절이 곧 승부를 가른다. 독서에서도 어떤 부분은 속독으로 지나가야 한다. 빨리 읽어야 할 때가 있고 천천히 곱씹어야 할 때가 있다.

책은 모두 저자의 치열한 고민이 담긴 산물이다. 저자의 독창적인 사상과 가치관을 엿볼 수 있지만, 동시에 세상에 널리 퍼진 보편적 가치도 함께 담겨 있다. 그래서 다른 책에서 본 내용이 반복되어 등장하기도 한다. 이런 경우는 속도를 높여 중복된 부분을 빠르게 넘겨도 된다. 예시, 배경 설명, 중복된 사례들은 굳이 꼼꼼히 외울 필요가 없다. 사람 이름 하나하나, 사례 하나하나에 얽매이다 보면 정작 핵심을 놓치게 된다.

속독을 할 때는 입으로 소리 내어 읽지 않는 것이 좋다. 그냥 눈으로 훑듯이 읽는다. 인간의 뇌는 단 1초 스쳐간 이미지에도 반응할 수 있다. 훑어본 내용은 무의식에 저장되었다가, 어느 순간 다른 생각과 연결된다. 그 가능성을 믿고 가볍게 흘려 읽는다.

그러나 속독만으로는 충분치 않다. 책을 덮었을 때 아무 내용도 기억나지 않는다면, 책 한권을 완독했다는 자기만족밖에 남지 않는다. 정독이 필요한 부분은 반드시 꼼꼼히 읽어야 한다. 핵심 주제, 처음 접하는 이론과 개념, 이해되지 않는 단어나 문장 같은 부분이 여기에 해당한다. 즉, 깊은 이해가 필요한 곳을 정독하는 것이다.

어떤 대목을 정독할지는 남이 정해 줄 수 없다. 내가 중요하게 느낀 부분이 바로 핵심이다. 남들이 중요하다고 표시한 문장이 내게는 평범할 수 있다. 독서의 속도는 체력과도 같다. 남들의 보폭에 맞춰 무리하게 달리면 오히려 몸을 해친다. 내 속도, 내 리듬을 지키는 것이 결국 오래 가는 길이다.

생각을 키우는 독서

생각 훈련을 위해 끝까지 책을 읽지 않는 방법도 있다. 읽다 만 부분을 스스로 채우며 유추하는 연습을 하는 것이다. 책의 절반 정도만 읽고 나머지 절반은 상상해 본다. 그림이 50% 정도만 그려져 있어도 귀와 코를 보면 그것이 코끼리인지 기린인지 충분히 짐작할 수 있다. 이처럼 빈칸을 채우며 읽는 과정은 사고력을 길러 준다.

독서의 본질은 생각하는 훈련이다. 종이에 쓰인 글자 자체보다 글을 통해 떠오르는 내 생각이 더 중요하다. 문제지의 답안을 처음부터 끝까지 보며 안심하는 것보다, 주어진 문제를 바탕으로 나머지 답을 스스로 찾아가는 연습이 훨씬 값지다.

 이런 방식으로 읽으면 독서는 단순한 지식 습득이 아니라 비판적 사고와 창의적 문제 해결 능력을 키우는 과정이 된다. 책을 끝까지 다 읽고 얻은 답은 정해진 범위 안에 머물지만, 스스로 추론하고 상상하는 과정은 사고를 더욱 풍성하게 한다. 한 번 읽은 책을 두고두고 다시 생각하게 만드는 힘도 거기서 나온다.
 무엇보다 틀려도 상관없다. 정확히 말하면 틀린 것이 아니라 단지 저자와 다른 생각일 뿐이다. 중요한 것은 정답을 찾는 독서가 아니라 질문을 던지고 그 답을 찾아가는 독서이다. 이렇게 읽을 때, 소비하는 독서에 그치지 않고 자기만의 해답을 찾아가는 훈련을 하게 된다. 진정으로 자기 성장으로 이어지는 독서가 된다.

3. 읽은 것을 글로 바꾸려면

 양질의 독서를 했다면 그에 걸맞은 글쓰기가 뒤따라야 한다. 앞서 독서하는 방법을 설명했다면, 이제는 읽은 것을 어떻게 글로 옮길 수 있을지를 살펴볼 차례다. 답은 반복과 요약, 연결과 인출이다. 책을 반복해서 읽으면 요약이 가능해지고, 요약한 것을 연결해야 비로소 인출할 수 있다. 글쓰기는 결국 내가 인출한 것을 엮어 내는 과정이다.

반복, 더 깊어지도록

 독서를 통해 얻은 지식이나 지혜, 글감을 어떻게 해야 글로 이어 갈 수 있을까? 이는 잊히지 않게 만드는 일, 곧 여러 차례 다시 읽는 데 있다. 반복은 지식을 휘발되지 않게 붙잡아 두고, 언제든 꺼내 쓸 수 있게 한다.

나는 한 번 명상에 관한 책을 읽은 적이 있다. 얇은 책이었지만 불교 이론이 깊숙이 담겨 있어 이해하기가 무척 어려웠다. 전문 용어도 낯설고, 처음 접하는 분야라 한 번 읽는 데 오랜 시간이 걸렸다. 계속 읽어도 이해가 되지 않아 짜증이 치밀어 오르기도 했다.

그때 내가 택한 방법은 단순했다. 우선은 그냥 읽었다. 이해가 되지 않아도 끝까지 훑었다. 두 번째는 모르는 단어를 하나씩 찾아보며 읽었다. 세 번째는 저자가 무엇을 말하려는지 전체적인 흐름을 붙잡으며 읽었다. 네 번째는 정독, 다섯 번째는 속독, 여섯 번째는 요약과 노트 정리였다. 그렇게 여섯 번쯤 반복하고 나니, 처음에는 난해하기만 했던 책이 한눈에 보이기 시작했다. 저자의 의도가 뚜렷해지고, 핵심이 선명해졌다. 5년이 지난 지금도 '명상은 뇌 속에 고속도로를 설치하는 일'이라는 문장을 기억하고 있을 정도이다.

어렵고 중요한 책은 최소한 3번은 읽어야 한다. 처음에는 가볍게 훑고, 두 번째는 모르는 것을 찾아보며, 세 번째는 요약하며 정리한다. 웬만한 책은 이 세 번만으로도 충분히 이해할 수 있다. 그래도 부족하다면 더 읽는다. 일곱 번쯤 읽으면 내용을 거의 외울 듯 기억할 수 있다.

반복 독서는 시간이 걸린다. 그러나 한 분야를 제대로 알고 싶다면 반드시 거쳐야 할 과정이다. 반복을 통해 얻은 앎만이 글로 이어질 수 있다. 다만 반복만으로는 모든 것을 다 담아 둘 수 없다. 그래서 우리는 반드시 요약해야 한다.

요약, 나의 언어로

긴 글이나 뉴스를 보면 가끔 '3줄 요약 부탁드립니다'라는 댓글을 볼 수 있다. 요약은 살면서 반드시 필요한 능력이다. 요약하는 과정에서 우리는 글 전체를 다시 재구성하고, 내가 제대로 이해했는지 확인할 수 있다.

예를 들어, 삼국지를 요약하면 '땅 따먹기'이고, 피터팬은 '동심을 간직한 어른아이'다. 글쓰기는 어떻게 해야 하는가? '많이 읽고 많이 쓰기'다. 이렇게 간단명료하게 정리하는 힘이 바로 요약이다.

책을 읽을 때는 노트 필기가 필수다. 읽고 난 뒤 요약을 적지 않으면 절대로 기억에 남지 않는다. 요약한 내용만 노트에 담아두면 나중에 쉽게 복기할 수 있다. 마음에 드는 문장을 베껴 쓰는 것도 좋은 방법이다. 훗날 글을 쓸 때 그 문장이 소중한 자료가 된다.

인덱스 카드에 인상 깊은 구절을 옮겨 적고, 페이지, 책의 제목, 저자를 기입한다. 뒷장에는 글의 주제나 생각을 간단히 정리한다. 이것만으로 하나의 글쓰기 자료가 완성된다. 독서와 동시에 글쓰기를 위한 준비를 하는 셈이다.

요약(要約)이란 말이나 글의 요점을 잡아서 간추리는 일이다. 여기서 요(要)는 가장 중요한 부분이고, 약(約)은 이를 맺는다는 말이다. 요약은 저자가 전하는 핵심을 옮기는 일이 아니다. 내가 중요하고, 필요하다고 느낀 부분을 묶어 내는 것이다.

바느질할 때 실의 끝부분을 묶지 않으면 쉽게 풀려 버리듯, 요약은 생각이 흩어지지 않도록 단단히 묶어 두는 작업이 필요하다. 책을 다 읽었다면 A4 한 장으로 요약해 보자. 그리고 '내가 작가라면 이 책을 어떻게 구성했을까?' 상상해 본다. 책 전체의 구조를 다시 짜 보거나, 새로운 목차를 만들어 보는 것도 글쓰기 연습이 된다.

요약한 뒤에는 반드시 재구성이 필요하다. '이 문장은 무슨 뜻인가', '나는 이 부분에 동의하거나, 반대하는가'라는 질문을 던진다. 정보를 그대로 수용하지 말고, 해석하고 변형하는 훈련이 필요하다. 독서를 통해 얻은 정보를 나의 경험과 연결하고 비판적으로 분석할 때, 그 내용은 단순한 지식이 아니라 글로 쓸 수 있는 자원이 된다.

요약은 곧 나만의 해석과 사유를 끌어내는 길이 되고, 이 과정을 통해 지식은 더 단단해진다.

요약의 기술

그렇다면 어떻게 해야 요약을 잘할 수 있을까.

첫째, 책이 전체적으로 무엇을 말하는지 파악해야 한다. 저자가 전하려는 목적과 핵심 주제를 먼저 이해하는 훈련이 필요하다.

둘째, 부차적인 내용은 과감히 제거해야 한다. 책 한 권에는 중요한 정보도 있지만 곁가지 부분도 많다. 핵심과 직접 관련 없는 요소는 걸러 내야 한다.

셋째, 원문 그대로가 아니라 나만의 언어로 바꿔야 한다. 복잡하고 장황한 문장은 간단히 풀고, 어려운 표현은 쉽게 다듬어야 한다.

'요약은 결코 간단한 작업이 아니다. 요약을 하기 위해서는 그 주제의 요점을 정확히 파악해 내는 능력이 필요하다. 그리고 요점을 파악하는 능력은 사물을 자신의 머리로 소화하여 응축시키는 능력을 의미한다.'[2]

작가인 고이즈미 쥬조는 요약의 힘을 기르기 위해 신문의 사설을 읽으라고 조언한다. 방대한 정보를 압축해 글을 쓰는 것이 사설이고, 사설을 읽으며 요약하는 연습을 하면 핵심을 잡는 힘이 길러진다. 요약은 단순한 축약이나 제거가 아니라, 의미를 다시 구성하는 작업이다.

좋은 요약이 되려면 합리성 필요하다. 저자의 핵심과 내가 만든 요약이 다를 수 있지만, 전혀 다른 방향으로 흘러서는 안 된다. 예를 들어, 『레밍 딜레마』라는 책의 주제는 '생각 없이 남들을 따라가서는 안 된다'

---

[2] 고이즈미 쥬조, 신주혜 옮김, 『지적인 사람들의 자기 연출법을 가르쳐 드립니다』, 지식여행, 2007, 257p

이다. 이를 갑자기 사막의 요리라고 요약한다면 전혀 합리적이지 못하다. 그러나 '리더의 중요성'이나 '환경이 인간에게 미치는 영향' 같은 요약이라면 저자의 맥락 안에 있으므로 타당하다.

책을 다 읽었다면 마지막으로 한 문장으로 정리해 보자. 이 과정은 책이 내게 무엇을 남겼는지 확인하고, 배운 교훈을 어떻게 실천할지 고민하게 만든다. 글의 핵심을 짧고 명확하게 압축하는 훈련이 곧 책을 통해 얻은 지혜를 내 것으로 만드는 과정이다.

책과 책을 잇다

반복하고 요약하는 훈련을 했다면, 그다음은 연결이다. 책 세 권을 읽었다면 분야와 상관없이 서로 연결해 보는 연습을 해 보자.

『기분이 태도가 되지 않게』, 『창의성이 없는 게 아니라 꺼내지 못하는 것입니다』, 『그림으로 생각하면 심플해진다』라는 세 권의 책이 있다. 핵심을 뽑으면, 첫 번째는 '감정조절의 중요성'이고, 두 번째는 '상황과 맥락에 따라 사람은 달라질 수 있다', 세 번째는 '문제를 도식화해 심플하게 볼 때 해결이 가능하다'이다. 이를 하나로 엮으면 이렇게 된다.

'우리는 다양한 상황 속에서 수많은 문제를 마주한다. 이를 잘 해결하려면 먼저 감정을 잘 다스려 흔들림 없는 마음을 만들고, 감정을 배제한 뒤 문제를 단순한 도식으로 정리해야 한다. 맥락에 따라 다르게 바라볼 수 있는 시각을 가짐으로써, 마주한 문제를 성장의 계단으로 삼을 수 있다.'

연결은 결코 어렵지 않다. 지금 내 눈앞의 문제를 해결하기 위한 답으로 삼을 수도 있고, 내가 쓰고는 글의 한 문장으로 사용할 수도 있다. 연결에는 정답이 없다. 내가 만들어 낸 연결일 뿐이다. 그러나 이런 연습을 하다 보면 언젠가 다른 글쓰기와 삶의 상황에서 자연스럽게 활용할 수 있게 된다.

생각해 보면 문장은 단어와 단어의 연결이고, 문단은 문장과 문장의 연결이며, 글은 문단과 문단의 연결이다. 결국 모든 글은 연결로 이루어진다. 글쓰기에 필요한 연결은 독서를 통한 연결 훈련을 통해 길러진다.

김경일 교수는 독서에 대해 이렇게 말했다. '독서의 목적은 지식의 재구성이다. 지식의 재구성이란 파편화되어 여기저기 널려 있는 개별적인 지식을 하나의 의미 있는 덩어리로 묶는 것을 말한다.'[3]

---

3) 김경일, 『창의성이 없는 게 아니라 꺼내지 못하는 것입니다』, 샘터, 2019, 119p

개별 지식을 하나로 묶는 과정은 마치 끝말잇기와 같다. 질문을 던지고, 또 다른 질문으로 이어 가며 답을 찾는 과정에서 사고가 확장된다. 이 과정에서 얻는 것은 단순히 정보를 쌓는 것이 아니라 정보를 어떻게 체계적이고 의미 있는 방식으로 재구성할 수 있는지를 배우는 것이다.

인출, 기억의 실마리 찾기

기억은 미로와 같다. 복잡하게 얽힌 길 속에서 답을 찾으려면 작은 실마리가 필요하다. 그리스 로마신화에서 아리아드네가 테세우스에게 길을 잃지 않도록 실을 건네주었듯이, 우리의 지식도 꺼내 쓸 수 있는 단서를 달아 저장해야 한다. 책을 읽기만 하는 것으로는 지식이 머릿속 어딘가에 흩어진 채 남을 뿐, 필요할 때 찾아내지 못한다. 실마리를 잡아 인출하는 과정이 없다면, 아무리 많은 책을 읽어도 지식은 금세 사라져 버린다.

글쓰기는 이 실마리를 활용해 지식을 되살리고, 단순한 데이터에 의미를 부여하는 과정이다. 처음에는 조각난 지식일 뿐이지만 그것을 나만의 언어로 다시 정리하고 해석하는 순간, 정보는 구조화되고 새로운 생각으로 확장된다.

그렇다면 읽은 내용을 어떻게 오래 남길 수 있을까? 좋은 방법 중 한

가지는 스스로 기억을 시험해 보는 것이다. 책을 덮은 뒤 처음부터 내용을 떠올려 보거나, 가족이나 친구에게 강의하듯 설명해 본다. 가르치는 과정에서 머릿속 지식은 더욱 단단히 고정된다. 은행에 돈을 입금만 해 두고 찾지 않으면 쓸 수 없는 것처럼, 독서는 입금이고 쓰기는 인출이다.

인출은 어휘력을 기르는 데도 큰 도움이 된다. 배운 표현을 꺼내어 쓰려면 더 많은 단어가 필요하고, 그 과정에서 다양한 어휘를 찾아 쓰려 애쓰게 된다. 이는 곧 단어를 기억하고 구사하는 능력으로 이어진다. 적극적으로 활용하려는 의식적인 노력이 필요하다.

벤자민 프랭클린이 인출을 훈련하는 독창적인 방법을 썼다. 그는 먼저 훌륭한 글을 읽고, 그 글에서 핵심 키워드만 메모했다. 그리고 시간이 지나 원문이 기억나지 않을 즈음, 키워드만 보고 다시 글을 써 내려갔다. 이후 원문과 자신의 글을 비교하며 부족한 점을 고쳤.

이 방식은 무턱대고 따라 쓰는 요약이나 필사가 아니라, 나만의 언어로 재구성하는 훈련이었다. 요약했으면, 반드시 키워드를 토대로 다시 써 보아야 글쓰기 연습이 된다.

읽기에서 쓰기로

책을 읽는 것은 재료를 모으는 일과 같다. 아무리 좋은 재료가 눈 앞에 있어도 요리를 하지 않으면 한끼 식사가 될 수 없다. 감탄하며 읽은 문장이 있어도 글로 옮겨 담지 않으면 그저 스쳐 간 인상에 불과하다. 읽기를 마친 뒤 글쓰기로 이어가는 과정이 있어야 비로소 나의 이야기, 나의 것이 된다.

그렇다면 책을 읽은 뒤 어떻게 글쓰기로 이어 갈 수 있을까?

첫째, 아이디어를 논리로 확장한다. 독서를 통해 얻은 생각을 글의 주제와 연결해 보자. 책들은 대부분 논리적으로 전개된다. 읽으며 자연스럽게 습득한 그 논리를 글쓰기에 적용하면 된다. '습관이 성공을 만든다'라는 문장을 읽었다면, 그 습관이 무엇인지, 내 삶과 어떻게 연결되는지 글로 풀어내 보는 것이다. 많이 읽은 사람일수록 글의 어색한 부분을 금세 눈치챈다. 독서를 통해 기른 눈으로 내 생각을 정리하고, 글도 논리적으로 전개해야 한다.

둘째, 자신만의 글쓰기 스타일을 찾는다. 독서를 통해 다양한 표현 방식을 접하다 보면 자신만의 스타일을 발견할 수 있다. 누군가는 결론부터 쓰고, 누군가는 차례차례 풀어 가며, 또 누군가는 소설처럼 묘사하듯 서술한다. 어느 방식이 옳고, 어느 방식이 그른 것은 없다. 꾸준히 글을 쓰며, 책에서 얻은 문장의 리듬과 어휘를 나의 글에 스며들게 할 때 나만의 문체가 조금씩 다듬어진다.

셋째, 감동한 부분은 반드시 기록한다. 밑줄을 긋는 것에서 멈추지 말고, 왜 공감했는지, 왜 좋았는지를 짧게라도 적어 본다. 처음에는 단순한 옮겨 적기일지라도, 나의 생각과 경험을 덧붙이면 기록은 점차 나만의 언어가 된다. 이렇게 쌓인 메모는 시간이 지나 다시 읽을 때 더 큰 힘을 발휘한다. 당시에는 스쳐 지나갔던 감정이 되살아나고, 짧은 메모 한 줄이 글의 소재가 되기도 한다.

결국 독서가 글쓰기로 이어지려면 책을 읽는 데서 끝내서는 안 된다. 읽은 내용을 자기 것으로 만들고, 그것을 자기 언어로 표현해야 한다. 글쓰기는 반복적이면서도 창의적인 사고를 요구한다. 반복 독서를 통해 얻은 아이디어를 글로 풀어 가는 연습을 꾸준히 이어 갈 때, 읽기와 쓰기는 두 바퀴처럼 함께 굴러가며 자연스럽게 성장한다.

3장

동서양의 다작가에게서 배우는 메모법

책을 읽다 보면 마음을 움직이는 구절이 있고, 곱씹게 되는 아이디어가 있다. 그러나 아무리 좋은 것일지라도 기록하지 않으면 금세 흩어진다. 읽은 것, 생각한 것이 글쓰기로 이어지려면, 그 순간에 떠오른 것들을 붙잡아 두어야 한다. 그 역할을 하는 것이 바로 메모이다.

메모는 줄을 긋거나 내용을 옮겨 적어 놓고 방치하는 데서 그쳐서는 안 된다. 많은 이들이 메모장을 열심히 적어 놓고도, 정리되어 있지 않다는 이유로 스스로 무시해 버린다. 중요한 생각을 적어 두고는 다시는 펼쳐 보지 않는 것이다. 그러나 메모는 쌓아 두는 데 가치가 있는 것이 아니라, 다시 꺼내어 보고, 정돈하여, 분리하고, 연결했을 때 비로소 살아난다. 이 과정을 거쳐야만 메모는 단순한 기록을 넘어서 새로운 의미와 아이디어를 낳는 도구가 된다.

다산 정약용 선생님은 자식들에게 보낸 편지에서 '책을 읽을 때는 반드시 기록해 두고, 그것을 거듭 읽으면서 글로 옮겨라'라고 가르쳤다. 읽기-메모-쓰기의 과정이야 말로 학문이 열매를 맺는 길이라는 것을 몸소 보여 주신 것이다. 서양에도 비슷한 사례가 있다. 독일의 사회학자 니클라스 루만은 수십만 장의 카드를 사용하여 생각의 조각들을 기록했고, 그 작은 메모들을 서로 이어 붙여 수많은 저술을 남겼다.

3장에서는 동서양의 두 다작가에게서 메모법을 배워 보려고 한다.

1. 다산 정약용(1762-1836)의 메모

18년 유배 생활 속에서 완성했던 기록들

다산 정약용은 조선 후기 실학을 대표하는 학자이다. 어려서부터 총명하였고, 글과 학문에 뛰어난 재능을 보였다. 정조 임금 곁에서 개혁 정치를 돕는 인재로 활동하며 이름을 떨쳤다. 젊은 시절 다산에게 학문은 세상을 바꾸는 힘이었고, 정치와 실천은 학문을 완성하는 길이었다.

그러나 그의 앞길은 순탄치 않았다. 정조가 갑작스럽게 세상을 떠나면서 정치적 후원은 사라졌고, 더 큰 위기는 곧 닥쳤다. 다산은 원래 다양한 학문에 열린 사람이었는데, 그 과정에서 서양의 새로운 사상인 천주학에도 관심을 두었다. 하지만 당시 조선의 조정은 천주교를 불온한 사상으로 보았고, 1801년 신유사화라는 대대적인 박해가 일어났다.

그 소용돌이 속에서 다산도 희생양이 되었다. 그는 전라남도 강진으로 유배를 떠나야 했고, 그렇게 시작된 유배 생활은 무려 18년에 이르렀다. 벼슬에서 물러나고 가족과 떨어져 지내야 하는 현실은 큰 시련이었지만, 그 유배의 시간이 역설적으로 우리가 기억하는 학자 다산 정약용을 만들어 낸 토대가 되었다.

그는 고독 속에서 수많은 책을 읽었고, 읽은 내용은 곧바로 기록으로 남겼다. 단순한 발췌가 아니었다. 중요한 부분을 메모하면서 동시에 자신의 생각을 덧붙였고 필요하다면 비판적인 의견도 적어 두었다. 이렇게 남긴 메모는 시간이 흐르면서 점차 체계를 갖추게 되었고, 훗날 『목민심서』, 『경세유표』, 『흠흠신서』와 같은 저작으로 결실을 맺었다. 그는 일생 동안 500여 권의 책을 저술하였고, 시는 2460편이나 남겼다.

다산은 학문에만 머물지 않았다. 지혜로 백성들의 삶을 도왔고, 아들들에게 보낸 편지와 지인들과의 서신을 통해 지식과 공부법, 그리고 메모의 방법을 구체적으로 전했다. 그는 수도에 있는 아들들에게 새로운 지식을 메모하고, 정리하고, 연결하여 자료를 만들도록 가르쳤으며, 지인들에게는 필요한 책을 요청하며 학문의 폭을 넓혀 갔다.

아들에게 전한 6가지 메모의 원칙

다산은 아들들과 지인들에게 보낸 수많은 편지에서 독서와 메모의 요령을 구체적으로 알려주었다. 단순히 '책을 많이 읽어라'고 말하는 것이 아니라, 어떻게 기록하고, 어떻게 정리하며, 그것을 어떻게 저술로 연결해야 하는지를 조목조목 가르쳤다. 그의 가르침을 모으면 오늘날에도 유용한 메모의 원칙을 발견할 수 있다.

첫째, 깊이 파고들라.

<u>내가 수년 이래로 자못 독서에 대해 알게 되었다. 그저 읽기만 하면 비록 하루에 천 번 백 번을 읽는다 해도 안 읽은 것과 같다. 무릇 독서란 매번 한 글자라도 뜻이 분명치 않은 곳과 만나면 모름지기 널리 고증하고 자세히 살펴 그 근원을 얻어야 한다. 그러고 나서 차례차례 설명하여 글로 짓는 것을 날마다 일과로 삼아라.</u> 이렇게 하면 한 종류의 글을 읽어도 곁으로 백 종류의 책을 함께 들여다보게 될 뿐 아니라, 본래 읽던 책의 의미도 분명하게 꿰뚫어 알 수가 있으니 이 점을 알아 두지 않으면 안 된다.

<학유에게 부침>

다산은 독서에 대해 '그저 읽기만 하면 백 번을 읽어도 읽지 않은 것과 같다'고 하였다. 한 글자라도 뜻이 분명하지 않으면 반드시 찾아보고, 널리 고증하며, 그 의미를 분명히 파악해야 한다는 것이다. 그것을 머릿속에 두는 데 그치지 않고 글로 직접 써 보아야 한다고 강조했다. 그에게 독서와 메모는 곧 탐구와 사유의 과정이었으며, 단순한 발췌가 아니라 생각을 곁들인 기록이었다.

오늘날 우리가 메모할 때도 이 원칙은 중요하다. 책을 읽거나 강연을

들을 때 밑줄만 긋고 넘어가면 금세 잊어버리기 쉽다. 대신 이해가 되지 않는 부분을 표시하고 스스로 질문을 던져 찾아본 뒤 기록해야 한다. 그 과정을 글로 정리하면 기억에 오래 남고, 그때 메모는 단순한 복사본이 아니라, 메모한 사람의 생각이 새겨진 가치 있는 요약본이 된다.

둘째, 목적과 가치를 먼저 세워라.

<u>사람을 대하고 사물을 접할 때도 모름지기 먼저 기상을 점검해서 자기의 본령을 세운 뒤에 점차로 저술을 뜻에 두어야 한다.</u> 그래야만 한마디 말 낱낱의 글자도 모두 다른 사람이 보배로 여겨 애호하는 바가 된다. 만약 <u>스스로를 너무 가볍게 보아 마치 땅 위의 흙처럼 여긴다면</u> 이는 또한 끝나버리는 것일 뿐이다.

<두 아들에게 보여 주는 가계>

다산은 '사람을 대하고 사물을 접할 때 반드시 본의와 본령을 세워야 한다'고 하였다. 본의는 일을 시작하는 근본 의도이고, 본령은 그 일이 지향하는 핵심 가치다. 그는 어떤 기록이든 방향과 목적을 먼저 정하지 않으면, 수고만 하고 결국 보람은 남지 않는다고 보았다. 다산의 저작들이 방대한 분량에도 불구하고 일관된 문제의식과 가치관을 담을 수 있었던 것은 바로 이 원칙 덕분이었다.

메모를 쓸 때도 '왜 이 기록을 남기는가?'라는 질문을 먼저 해야 한다.

회의 내용을 기록할 때는 단순 기록이 목적인지, 아니면 이후 프로젝트 기획에 참고할 자료인지에 따라 메모의 방식이 달라진다. 공부할 때도 시험 대비 요약인지, 글쓰기 자료 수집인지 목적을 정하면 메모가 명확해진다. 목적과 가치를 분명히 세우는 것이 곧 메모의 질을 결정한다.

셋째, 구조와 틀을 마련하라.

『고려사』는 하는 수 없이 빨리 되돌려 보내 주어야겠다. 그중에서 취하여 베끼는 의미에 대해서는 네 형에게 상세히 일러 주었다. 이번 여름에는 모름지기 형제가 마음을 모으고 힘을 쏟아 이 일을 마치도록 해라. 무릇 초서의 방법은 반드시 먼저 자기의 뜻을 정하고, 내가 쓸 책의 규모와 절목을 세워야 한다. 그런 후에 책을 뽑아내면 바야흐로 일관되게 꿰는 묘미가 있다.

<학유에게 부침>

다산은 '규모와 절목을 먼저 세우라'고 강조했다. 규모는 글의 전체 틀이며, 절목은 그 안의 항목과 순서를 뜻한다. 그는 큰 줄기를 정한 뒤 그에 맞춰 자료를 발췌하고 채워 넣어야만 메모가 힘을 가진다고 보았다. 이렇게 해야 흩어진 기록이 질서 있게 연결되고, 책이나 글로 발전할 수 있다는 것이다.

현대인의 메모에서도 이 원칙은 필수적이다. 무작정 기록만 쌓아 두면 나중에 활용하기 어렵다. 따라서 큰 카테고리를 먼저 정해 두어야 한다. 예컨대 '아이디어', '실행 계획', '자료 발췌'와 같이 구분하거나, 글을 쓰려는 주제의 목차를 먼저 세워 두고, 메모할 때 바로바로 분류한다. 이렇게 구조와 틀을 미리 마련하면, 메모가 뒤죽박죽 쌓이지 않고 나중에 쉽게 이어지고 발전할 수 있다.

넷째, 버리지 말고 따로 모아라.

> 만약 규모와 절목 외에 뽑지 않을 수 없는 것이 있으면 따로 한 책을 갖추어 놓고 얻는 대로 적어 나가야 바야흐로 힘을 얻을 곳이 있게 된다. <u>물고기 그물을 쳤는데 기러기가 걸리면, 어찌 버리겠느냐?</u>
>
> <학유에게 부침>

다산은 '물고기를 잡으려 그물을 쳤는데 기러기가 걸리면 어찌 버리겠느냐'고 하였다. 원래 목적과 다른 자료라도 얻는 대로 적어 두면 언젠가 힘이 될 수 있다는 뜻이다. 그는 책을 읽고 기록하면서 당장 쓸모없어 보이는 것도 버리지 않고 따로 모아 두었다. 그렇게 모아둔 메모가 훗날 다른 저술의 재료로 활용되었다.

우리 역시 메모할 때 예상치 못한 아이디어나 정보가 생길 수 있다. 처음에는 목적과 맞지 않는 듯해도, 그것이 다른 프로젝트나 새로운 글의 씨앗이 될 수 있다. 따라서 쓸모없어 보인다고 지워 버리기보다는,

따로 모아 두는 공간을 만들어 보관하는 것이 좋다. 디지털 메모 앱에서는 '아이디어 보관함'을 두거나, 노트 한 권을 '잡동사니 노트'로 지정해도 된다. 언젠가 의외의 연결을 만들어 내는 자원이 될 수 있다.

다섯째, 비교하고 검증하라.

> 선배가 우리 선대의 일을 기록한 것에서 <u>간혹 차이 나는 곳이 있으면 마땅히 바로 연월을 따져 살펴 그렇지 않음을 밝혀야 한다.</u>
> <두 아들에게 부침>

다산은 두 아들에게 보낸 편지에서 '선배가 기록한 것과 다르다면 반드시 연월을 따져 살펴 바로잡아야 한다'고 하였다. 기록은 옮겨 적는 것이 아니라, 다른 자료와 비교하여 옳고 그름을 판별해야 한다는 것이다. 그는 사료를 교차 검증하며 오류를 바로잡는 과정을 메모의 중요한 단계로 삼았다.

오늘날에도 메모는 사실 확인과 비교 과정을 거쳐야 가치가 있다. 인터넷에서 얻은 정보는 출처가 불명확할 수 있고, 강연에서 들은 내용도 다른 자료와 다를 수 있다. 따라서 메모를 할 때는 받아 적는 데 그치지 말고, 다른 자료와 대조하여 확인해야 한다. 메모의 진정한 힘은 '정확성'에서 나오기 때문이다.

여섯째, 정리하고 관리하라.

<u>열흘에 한 번씩 집안에 쌓여 있는 서찰을 점검하여 번잡스럽거나 남의 눈에 걸릴 만한 것이 있거든 하나하나 가려내어, 심한 것은 불에 태워 버리고, 덜한 것은 노를 꼬고, 그 다음 것은 찢어진 벽에 바르거나 책 표지로 만들어, 정신을 산뜻하게 해야 한다.</u>

<학유에게 노자 삼아 준 가계>

다산은 '열흘에 한 번씩 집안의 서찰을 점검하라'고 아들에게 당부하였다. 번잡스러운 것은 버리고, 쓸모없는 것은 폐기하며, 남길 만한 것은 다시 정리하라는 것이다. 기록은 쌓아 두는 것으로 끝나는 것이 아니라, 끊임없이 정돈하고 재활용하는 과정을 거쳐야 한다는 점을 강조한 것이다.

현대에도 많은 사람들이 메모를 앱이나 노트에 쌓아만 두고 다시 꺼내 보지 않는다. 그러나 다산의 말처럼 메모는 관리해야 생명이 있다. 일정한 주기로 기록을 돌아보고, 필요 없는 것은 지우고, 중요한 것은 새로 정리하는 습관이 필요하다. 이렇게 해야 메모가 단순한 보관소가 아니라, 살아 있는 지식의 창고로 기능할 수 있다.

저술로의 발전

다산의 메모법은 단순한 기록을 넘어 실제 거대한 저술의 토대가 되었다. 유배지 강진에서의 생활은 고립과 단절의 시간이었으나, 동시에 새로운 학문을 집대성할 기회이기도 했다. 그는 수많은 책을 탐독하면서 필요한 부분을 발췌해 기록했고, 그 과정에서 자신의 생각을 덧붙였다. 옮겨 적는 수준을 넘어서, 그가 지닌 문제의식과 현실 감각이 메모 속에 차곡차곡 쌓였다. 그 결과 작은 메모들이 모여, 체계적인 저술로 발전할 수 있었다. 그의 대표적인 저서인 1표2서(경세유표, 목민심서, 흠흠신서)도 완성되었다.

『경세유표』는 조선의 정치와 행정 제도를 근본부터 개혁하려는 청사진이었다. 『주례』를 비롯한 중국 고전과 조선의 역사 자료들을 일일이 메모하고 비교하면서, 이상적인 제도의 모습을 탐구했다. 일관적인 기준으로 모으던 메모가 일정한 체계를 갖추자, 그는 이를 하나의 틀로 엮어 낼 수 있었던 것이다. 결국, 그는 개혁 사상을 구체적인 제안으로 발전시킬 수 있었다.

『목민심서』는 지방관으로 봉직한 경험과, 강진에서 백성들의 삶을 직접 관찰하며 기록한 메모들이 바탕이 되었다. 그는 수령이 해야 할 도리, 세금 제도의 운영, 백성을 위한 행정 실무 등을 조목조목 기록해 두었다. 그러한 메모들이 축적되면서, 조선 후기 지방 행정의 실질적인 교과서라 불리는 이 책이 탄생했다. 조선의 삶의 행정을 담은 실천적 지침서가 된 것이다.

『흠흠신서』는 법과 형벌에 관한 책으로, 실제 사건 기록과 재판 사례를 메모한 것이 기초가 되었다. 그는 형벌 제도의 문제점을 날카롭게 짚고, 사례별로 어떻게 합리적인 판결을 내릴 수 있는지를 정리했다. 메모가 하나하나 모여 구체적 문제 해결을 위한 근거와 논거가 되었다.

다산의 메모법과 저술들을 통해서 우리가 배울 점은 명확하다. 메모는 그 자체로 완성물이 아니라, 더 큰 저술로 나아가기 위한 초석이라는 점이다. 그는 기록을 모으는 데서 멈추지 않고, 이를 반복적으로 정리하고 재구성하여 새로운 의미를 창출했다. 이를 통해 우리는 배워야 한다. 우리가 일상에서 하는 메모도 떠오르는 생각이나 접한 지식을 적어 두는 데서 그치면 금세 잊는다. 그러나 다산처럼 지속적으로 꺼내어 정리하고, 자신의 문제의식과 연결한다면, 작은 메모는 결국 큰 글로 이어질 수 있다.

다산은 메모를 단순한 습관이 아니라 학문적 성취와 사회적 기여를 위한 도구로 삼았다. 유배라는 고립된 공간에서도, 그는 손에 쥔 붓을 놓지 않았고, 수많은 메모를 남겼다. 그리고 그 메모들이 모여 조선 후기의 최대의 실학자 다산 정약용을 만든 토대가 되었다. 그의 정신을 본받아 우리도 메모를 통해 생각을 붙잡고, 정리하고 이어 내어 더 큰 세상으로 펼쳐 내는 발판으로 삼아야 한다.

2. 니클라스 루만(1927-1998)의 메모

제텔카스텐(Zettelkasten)의 시작

니클라스 루만은 원래 법학을 공부했지만, 사람을 직접 상대하는 일이 적성에 맞지 않아 공무원이 되었다. 그러나 공직은 그를 만족시키지 못했다. 낮에는 관청에서 일했고, 저녁이 되면 철학, 사회학, 조직 이론 같은 주제를 파고들며, 책을 읽고 메모하는 시간을 보냈다. 처음에는 책 귀퉁이에 짧은 생각을 적거나, 주제별로 공책에 나누어 정리하는 수준이었다. 이런 방식으로는 결실을 얻기 어려웠고 루만도 곧 그 한계를 느꼈다.

그때부터 그는 새로운 방식을 만들었다. 작은 종이에 단 하나의 생각만 적고, 번호를 붙여 상자에 보관하기 시작한 것이다. 독일어로 제텔(Zette)은 쪽지를, 카스텐(kasten)은 상자를 뜻한다. 그의 상자는 단순한 보관함이 아니라, 각각의 생각을 독립된 것으로 만들어, 또 다른 생각과 연결할 수 있는 장치였다. 시간이 지나면서 상자 속 메모들은 서로 대화를 나누는 것처럼 얽히고, 그 속에서 새로운 주제와 문제의식이 자랐다.

루만은 메모를 상자 속에 넣고 나면 그것이 다시 자신에게 말을 걸어온다고 느꼈다. 메모 상자는 그의 가장 중요한 연구 동료이자 영감의 원천이 되었다. 그는 훗날 한 인터뷰에서 '내가 글을 쓰는 것이 아니라 제텔카스텐이 글을 쓴다'라고 말하기도 했다.

제텔카스텐은 그의 인생을 바꾸는 계기도 되었다. 루만은 상자 속 기록을 바탕으로 쓴 원고를 독일의 사회학계 권위자에게 보냈다. 그 글은 학계의 주목을 받았고, 그는 사회학 학위가 없었음에도 신설 대학의 교수로 초청되었다.

이후 30년 동안 그는 수십권의 저서와 수백 편의 논문을 남겼다. 그는 억지로 애쓰지 않고 지금 당장 쓸 수 있는 것부터 글을 써 내려갔다. 학문은 무거운 노동이 아니라 즐거운 탐구가 되었고, 제텔카스텐은 그 모든 작업을 할 수 있는 힘이었다. 루만의 성과는 특별한 영감에서 비롯된 것이 아니라, 메모를 다루는 방식에서 나왔다. 이 방식은 오늘날 정보를 다루어 글을 쓰는 우리도 배울 만한 것이 많다.

제텔카스텐(Zettelkasten)의 원리

첫째, 흥미로운 것부터 가볍게 기록한다.

제텔카스텐은 억지로 시작하면 오래가기 어렵다. 해야 한다는 압박보다, 흥미에서 출발할 때 기록은 생활 속에 자연스럽게 자리 잡는다. 인상 깊은 광고 카피, 재미있는 사진, 문득 떠오른 생각 등 무엇이든 좋다. 중요한 것은 '이건 놓치고 싶지 않다'는 마음으로 가볍게 남기는 것이다. 메모는 반드시 펜으로만 할 필요도 없다. 사진, 음성, 영상, 디지털 메모 등 어떤 형태든 괜찮다. 자신이 흥미를 느끼는 분야에서 얻은 즐거움을 차곡차곡 쌓아 가는 태도가 중요하다.

산책 중 본 풍경이 마음에 남았다면 사진을 한 장 찍어 둔다. 넷플릭스 다큐멘터리에서 흥미로운 장면을 보았다면 짧게 메모해 둔다. 봉준호 감독의 영화 괴물은, 한강변 복도식 아파트에서 '저기에 괴물이 산다면?'이라는 어린시절의 상상에서 시작되었다고 한다. 그리고 다큐멘터리에서 속 펠리컨이 물고기를 잡아먹는 장면에서 괴물의 모습에 대한 영감을 받았다고 한다. 이렇게 상상력을 자극하는 작은 단서 하나와 훗날 다른 장면과 만나 새로운 아이디어로 이어질 수 있다. 순간 마음을 사로잡은 장면을 가볍게 남기는 것, 그 자체가 시작이다.

억지로 쓰는 방학숙제 같은 일기는 오래가지 않지만 흥미로운 순간을 붙잡는 습관은 즐겁기에 자연스럽게 이어지고 쌓인다. 중요한 것은 '재미있으니까, 인상깊으니까 남긴다'라는 태도이다.

둘째, 한 장에는 하나의 아이디어를 자기의 언어로 담는다.

제텔카스텐의 기본은 단순함에 있다. 한 장에는 오직 하나의 아이디어만 담는다. 여러 생각을 한꺼번에 적으면 흐려지고, 나중에 연결하기도 어렵다. 하지만 한 장에 하나의 생각을 기록하면, 그 아이디어는 독립된 단위로 살아남아 다른 생각과 자유롭게 이어질 수 있다.

책에서 '작은 습관이 큰 변화를 만든다'라는 문장을 만났다고 한다면, 그대로 옮겨 적지 말고 '작은 습관이 누적되면 삶이 바뀔 수 있다'처럼 자기 언어로 바꾸어 쓴다. 여기에 '매일 10분의 글쓰기도 이런 작은 습관이 된다'와 같이 자신의 생각을 덧붙이면 더욱 좋다. 같은 주제를 다루더라도 다른 책에서 발견한 구절은 다른 장에 적는다. 이렇게 나누어 둔 메모는 훗날 자연스럽게 서로 연결된다.

오늘 읽은 글이나 떠오른 생각을 인덱스 카드에 적어 보자. 책 속 문장을 베끼기보다, 이해한 내용을 자기 언어로 풀어 쓰고, 왜 중요한지를 짧게 덧붙이는 것이다. 자신의 언어로 바꾸는 행위를 통해 의미를 곱씹게 되고, 더 깊게 이해하게 된다. 이렇게 기록된 한 장은 언젠가 또 다른 메모와 만나 불꽃처럼 스파크가 튀길 것이다. 이 순간이 바로 새로운 아이디어의 탄생 순간이다.

셋째, 생각이 연결될 때 체계가 된다.

제텔카스텐의 핵심은 메모를 모으는 데서 끝나지 않고, 서로 이어 주는 데 있다. 루만은 각 메모가 고립되는 것을 막기 위해 항상 어디에 붙일 것인가를 고민했다. 덕분에 메모 상자의 쪽지들은 하나의 지도처럼 체계를 이루었다. 연결을 통해 메모는 확장되어 생각의 그물망이 된다.

'사람은 익숙한 길로만 다니려는 경향이 있다'라는 메모와 '창의성은 낯선 길에서 나온다'라는 메모를 연결하면, '새로움을 받아들이려면 일부러 익숙하지 않은 길을 걸어야 한다'라는 새로운 통찰이 생긴다. 서로 멀어 보이는 주제가 만날 때, 하나의 메모로는 얻을 수 없는 새로운 생각이 자라난다.

여기에 우리가 시도해 볼 수 있는 방법이 있다. 예전에 적어둔 메모 두세 장을 꺼내 오늘 기록한 메모와 나란히 놓고, 연결될 만한 실마리를 찾아보는 것이다. 언뜻 무관해 보이는 것들 사이에서 공통된 단어, 주제, 질문을 찾아내면 된다. 뜻밖의 조합이 연결되는 순간, 그 자체가 작은 발견이 된다. 이런 연결 연습이 반복될수록, 메모들은 점차 지도처럼 체계를 갖추게 된다.

꾸준함이 통찰을 낳는다

제텔카스텐의 힘은 단기간에 드러나지 않는다. 처음에는 흥미로운 메모 몇 장이 쌓일 뿐이고, 특별한 의미를 발견하기 어렵다. 하지만 기록이 늘어날수록 전에는 보이지 않던 관계와 흐름이 눈에 들어오기 시작한다. 이때 생겨나는 것이 바로 '통찰'이다.

통찰은 지식을 많이 아는 상태가 아니다. 흩어진 생각이 연결되면서, 새로운 의미를 발견하는 순간을 말한다. 따로 보면 별개인 메모들이 일정한 맥락 속에 맞물리며, '아, 이런 방식으로도 볼 수 있구나'라는 깨달음을 얻는 것이다.

10장, 20장의 메모만으로는 큰 차이를 느끼기 어렵지만, 100장, 200장이 되면 상황은 달라진다. 처음에는 미처 보지 못했던 공통점이나 차이가 드러나고, 메모들이 서로 영향을 주며 새로운 해석을 낳는다.

결국 제텔카스텐의 목적은 대단한 한 번의 번뜩임이 아니라, 반복되는 기록 속에서 새로운 시각을 발견하는 데 있다. 매일 한 장씩이라도 기록하는 습관이야말로 통찰을 만들어 내는 확실한 방법이다. 통찰은 우연이 아니라 꾸준함에서 비롯된다.

4장

나를 위한 글쓰기

글쓰기는 다른 누구보다도 나를 위한 일이다. 우리는 스스로를 잘 안다고 생각하지만, 막상 글로 적어 내려가려 하면 빈틈이 드러난다. 마주하기 싫어 무의식에 묻어 두었던 감정이나, 말로 다 표현하기 어려운 생각이 불쑥 올라오기도 한다. 바로 그 순간이 기회다. 글을 쓰면서 조각나고 흩어졌던 나를 다시 모아 온전히 만들어 가는 과정이 시작된다.

4장에서는 글쓰기를 통해 나와 깊이 마주하는 방법을 살펴본다. 지금 당장 쓰는 용기, 자발적으로 써 내려가는 자유, 복잡한 마음을 정리하는 힘, 고독 속에서 자신을 지켜보는 연습은 모두 자신을 돌아보게 하는 과정이다. 또한 글은 일상을 새롭게 바라보게 하고, 사소한 순간 속에서도 의미를 발견하게 하며, 나만의 관점을 세밀하게 다듬도록 이끈다. 결국 글쓰기는 내면을 성숙하게 하고, 더 단단한 나를 세워 가기 위한 길이다.

1. 글쓰기로 나를 여는 시간

지금 바로 쓰기

보통 글을 잘 쓰는 것은 특별한 재능이나 순간적인 영감 덕분에 그렇게 될 수 있다고 생각한다. 그러나 실제로 글을 써 본 사람이라면 누구나 알 수 있다. 영감은 기다린다고 오지 않고, 하루 이틀에 몰아서 쓴다고 해서 쌓이지도 않는다.

글쓰기를 가능하게 하는 것은 어느 날 번뜩이는 아이디어가 아니라, 하루하루 조금씩이라도 꾸준히 쓰는 습관에 있다. 글을 능숙하게 쓰는 사람과 그렇지 않은 사람을 구분 짓는 결정적인 차이는 재능이 아니라 루틴인 것이다. 매일 쓰는 사람은 점점 글쓰기에 익숙해지고, 쓰지 않는 사람은 시간이 갈수록 글과 멀어진다.

그렇다면 어떻게 습관을 만들 수 있을까? 처음부터 무리한 목표를 세우면 오래가지 못한다. 『작은 습관의 힘』에서 말하듯, 습관은 작게 시작할수록 오래 지속된다. 글쓰기도 예외가 아니다. 하루 15분 혹은 하루 한 문단처럼 현실적인 기준으로 시작해야 한다. 글을 쓰는 시간을 일정하게 정해 두는 것도 중요하다. 잠들기 전 20분, 아침에 눈을 뜬 직후 10분 등 생활 속에서 자연스럽게 연결되는 시간을 택하면 훨씬 안정적으로 습관으로 만들 수 있다. 이렇게 작은 약속을 지키는 경험이 쌓일수록, 글쓰기는 더 이상 대단한 일이 아니라 일상의 일부가 된다.

 환경을 갖추는 것도 필요하다. 좋은 글감을 떠올려 놓고도 적지 못해 흘려보낸 경험은 누구나 있을 것이다. 그렇기 때문에 언제 어디서든 바로 쓸 수 있는 준비가 중요하다. 작은 수첩과 펜을 들고 다니거나, 메모 앱을 활용하는 것만으로도 떠오른 생각을 붙잡을 수 있다. 기록의 도구는 종이든 스마트폰이든 상관없다. 중요한 것은 떠오른 것을 바로 남길 수 있는가이다. 준비가 되어 있는 사람만이 불현듯 스치는 아이디어를 잡아 둘 수 있다.

 매일 조금이라도 쓰는 경험은 결국 나 자신을 어제보다 성장시킨다. 남과 비교할 필요는 없다. 중요한 것은 내가 어제보다 얼마나 더 솔직하고 깊이 있게 적었는지에 달려 있다. 인간과 침팬지의 유전자가 98.8% 같다는 사실은 작은 차이가 얼마나 큰 변화를 만드는지 보여 준다. 하루 24시간 중 1.2%에 불과한 30분을 글쓰기에 투자하는 것만으로도 우리는 어제의 나와 다른 존재가 될 수 있다. 이 작은 반복이 쌓일 때 사고의 깊이가 달라지고, 표현의 힘도 커진다.

 무엇보다 기억해야 할 것은 글쓰기 좋은 날은 따로 오지 않는다는 점이다. 쓰다 보면 좋은 문장이 만들어지고, 고치다 보면 더 나은 글이 된다. '오늘은 컨디션이 안 좋아서', '시간이 나면 써야지', '마음이 정리되면 써야겠다'라는 말은 사실상 쓰지 않겠다는 변명에 가깝다. 글쓰기는 마음이 정리된 뒤에 하는 일이 아니라, 정리되지 않은 마음을 다잡기 위해 하는 일이기도 하다. 글을 쓰면서 비로소 마음이 차분해지고, 생각이 또렷해진다.

그러므로 기다리지 말아야 한다. 완벽한 날을 바라다가는 영원히 시작하지 못한다. 글쓰기에 가장 좋은 순간은 언제나 지금이다. 펜을 드는 지금 이 순간, 글쓰기는 이미 시작되고 있다.

내 목소리로 쓰기

글을 잘 쓰는 사람을 떠올리면 보통 화려한 표현이나 유려한 문장을 먼저 생각한다. 하지만 글쓰기에 있어 더 본질적인 힘은 자기 목소리에서 나온다. 내가 스스로 쓰고 싶어서 쓰는가, 아니면 누군가의 기대나 평가에 맞추려고 억지로 쓰는가. 이 차이는 글의 무게와 생명력을 완전히 갈라놓는다. 억지로 쓰는 글은 겉모습은 그럴듯할지 몰라도, 안에는 진심이 담기기 어렵다. 반대로 내 안에서 우러난 글은 서툴더라도 읽는 이의 마음을 움직인다. 글은 결국 살아 있는 사람의 목소리를 담는 행위이기 때문이다.

자발적으로 글을 쓴다는 것은 자기 안을 진지하게 들여다보는 일과 맞닿아 있다. 글이란 생각과 감정을 꺼내는 통로인데, 그것이 타인의 압박이나 요구에서 비롯된다면 자연스레 남의 목소리가 배어든다. 학교 숙제, 직장 보고서가 유독 버겁게 느껴지는 이유가 바로 여기에 있다. 정해진 형식과 요구에 맞추다 보면 내 말은 사라지고, 글은 껍데기만 남는다. 하지만 내 안에서 출발한 글은 다르다. 형식에 매이지 않고 마음속 이야기를 꺼내다 보면 뜻밖의 솔직함과 창의성이 드러난다. 글은 그때 비로소 살아 움직이기 시작한다.

자발적인 글쓰기는 즐거움을 동반한다. 억지로 쓰는 글은 단지 과제를 끝냈다는 안도감만 남기지만, 스스로 선택해 쓴 글은 과정 그 자체가 의미가 된다. 한 줄이라도 내 의지로 적었을 때의 충만감은 외부에서 주는 보상보다 오래간다. 이것은 단순한 기분 좋은 경험이 아니라 글쓰기를 지속하게 만드는 힘이다. 매일 쓰는 사람은 단지 성실해서가 아니라, 쓰는 행위 속에서 작은 즐거움을 발견했기 때문에 계속 이어간다. 이 즐거움이야말로 글쓰기 습관을 가능하게 하는 원동력이다.

자발성이 가져다주는 또 하나의 선물은 창의성이다. 강제로 끌려 나온 문장은 단조롭고 한정적이다. 그러나 쓰고 싶어서 쓰는 글은 자유롭다. 자유로운 글쓰기는 사고의 경계를 넓히고, 새로운 아이디어를 불러온다. 처음엔 단순한 기록으로 시작했더라도 어느 순간 예상치 못한 길이 열리고, 그 과정에서 뜻밖의 통찰을 얻을 수 있다. 자발적인 글쓰기는 생각의 근육을 기르는 훈련이 된다.

내 목소리로 쓰는 일은 결국 나를 성장시킨다. 글은 경험을 정리하는 도구이자, 자기 자신과의 대화이기 때문이다. 쓰면서 나는 '내가 왜 이런 생각을 했을까?', '이 감정은 어디서 비롯되었을까?'를 묻는다. 그 물음은 자신의 내면을 깊이 이해하게 하고, 자신의 가치관을 점검하게 만든다. 나아가 그 글을 다른 사람과 나눌 때, 타인의 시선과 의견을 통해 내 생각은 더 단단해지고 넓어진다. 자발적인 글쓰기는 더 많은 연결을 가능하게 한다.

결국 글쓰기는 표현의 문제가 아니라 존재의 문제다. 남의 목소리에 기대어 쓰는 글은 쉽게 사라지지만, 내 목소리로 쓴 글은 오래 남는다. 내 이야기를 솔직하게 담은 글이 진짜 힘을 가진다.

복잡할수록 쓰기

살다 보면 누구나 감정이 크게 요동칠 때가 있다. 회사에서 예상치 못한 일이 불거지거나, 감당하기 힘든 사건이 닥칠 때 우리는 당황하고 불안해진다. 가까운 사람이 다쳤거나, 소중한 관계가 멀어졌을 때 마음이 산산이 부서진 듯하다. 가슴은 답답하고, 머릿속은 수백 가지 생각으로 가득 차며, 쉽게 진정되지 않는다.

늘 기분 좋게, 평온하게 살 수는 없다. 가끔은, 아니면 매일 힘든 일은 일어나기 마련이다. 그럴 때마다 우리는 스스로를 돌보고 치유할 방법을 찾아야 한다. 그중 하나가 글쓰기이다. 한 심리학 연구에 따르면 감정을 꾸준히 글로 표현한 사람은 그렇지 않은 사람보다 스트레스 지수가 낮고 신체적 회복도 빠르다고 한다. 복잡한 마음을 글로 글로 적어 내는 것만으로도, 그 자체가 치유의 과정이 된다.

글을 쓰는 순간 신기하게도 나는 내 감정의 한가운데서 조금씩 벗어난다. 나는 1인칭이 아닌 3인칭이 된다. 처음에는 온전히 '나'의 시선으로 기록하다가도 점차 한 발짝 떨어져 제3자의 눈으로 나 자신을 바라보게 된다. 감정에 휩싸여 있던 순간에도 글을 쓰는 행위는 나와 사건 사이에 거리를 만들어 준다. 감정에서 벗어나 이성적으로 상황을 조망하기 시작한다. 갑자기 팝콘을 들고 볼 수 있을 정도의 간격이 '감정에 휩싸였던 나'와 '쓰는 나' 사이에 생긴다.

글을 통해 생기는 이 심리적 거리는 감정을 정리하는 데 큰 힘을 발휘한다. 처음에는 어지럽던 마음이 문장으로 옮겨지는 순간 차분해지고, 점차 맥락이 잡히면서 생각이 선명해진다. 마치 머릿속 복잡한 선을 정리한 것처럼, 글은 뒤엉킨 문제들을 정리해 준다.

감정이 클수록 글쓰기는 더 깊어진다. 강한 감정은 강력한 에너지이고, 이를 글로 전환하면 집중력과 몰입도가 높아진다. 흔히 가수들이 이별의 경험으로 좋은 노래를 쓰듯, 작가도 상실이나 충격을 글로 풀어낼 때 더 진솔하고 힘 있는 글을 남긴다. 평온한 일상이 글을 꾸준히 이어 가게 해 준다면, 격렬한 감정은 특별한 울림을 만들어 낸다. 그러니 마음이 흔들릴 때 글쓰기를 미루지 말자. 오히려 그때가 멋진 글을 쓸 수 있는 좋은 순간일 수 있다.

글쓰기는 단순한 기록을 넘어 경험을 재구성하는 과정이다. 겪은 일을 그대로 두지 않고, 이유와 의미를 부여하며 새로운 맥락 속에 놓는다. 이 과정이 삶의 혼란을 정리할 뿐만 아니라, 내가 어떤 사람인지, 무엇을 중요하게 여기는 사람인지를 알게 한다. 혼란 속에 적어 내려간 글은 시간이 지나 다시 읽을 때 또 다른 힘을 준다. 그때는 감정에 휩쓸려 있던 자신을 돌아볼 수 있고, 같은 상황에서도 이제는 더 담담하게 받아들이는 나를 확인하게 된다.

또한 글은 말보다 더 신중한 소통을 가능하게 한다. 직접 말하면 오해가 생기거나 감정이 격해질 수 있는 상황도, 글로 표현하면 한 번 더 정리할 시간을 가질 수 있다. 글은 시간을 들여 다듬을 수 있기에 감정적 충돌을 줄이고 더 명확한 의사소통을 가능하게 한다.

결국 글쓰기는 혼란의 순간에도 나를 지켜 주는 도구이다. 기분이 좋을 때도, 나쁠 때도, 슬플 때도, 불안할 때도 기록하는 습관을 이어 가 보자. 글을 쓰며 우리는 감정을 다스리는 법을 배우고, 더 단단한 내면을 길러 낸다. 그 과정에서 혼란은 고통이 아니라 나를 더 깊이 이해하게 하는 기회가 된다.

글쓰기는 자기관찰

글쓰기를 단순히 생각을 표현하는 행위로 볼 수 없다. 글을 쓰는 동안, 우리는 스스로를 돌아본다. 우리가 무엇을 말하고 싶은지, 왜 그런 생각을 하게 되었는지, 그 생각이 우리의 삶과 어떻게 연결되는지를 살펴본다. 글쓰기는 그 자체로 내면을 들여다보는 일이다.

그럼에도 불구하고, 글을 쓰고 나면 후회가 남는다. '더 좋은 글을 썼어야 했는데'라는 아쉬움이 늘 따라붙는다. 그 후회는 어디에서 오는가? 그것은 '그렇게 살지 못했다는' 후회에서 비롯된다. 우리가 쓰는 글은, 그만큼 우리가 살아가야 할 방식에 대한 내적인 다짐을 담고 있다.

노벨상을 받은 한강 작가의 아버지 한승원 작가는 이렇게 말했다.

'착실하게 공부는 하지 않으면서 이름 낼 욕심, 돈 모을 욕심, 지위 욕심만 내고 거짓말로 남들을 속이기만 하고, 그러면서 자기 혼자만 옳다고 미친개처럼 짖어 대는 사람들이 자주 보인다. 이때 나는 진저리치며 생각한다. 아, 나는 저렇게 흉측한 냄새를 풍기지 않고 살아야지.'[4]

욕심 부리며 살지 않으려면 글을 쓰며 자기를 돌아보면 된다. 냄새를 풍기지 말고 향기를 풍기는 사람이어야 한다. 한승원 작가는 이어서 글을 쓰는 마음을 설명한다.

---

4) 한승원, 『한승원의 글쓰기 비법 108가지』, 푸르메, 2008, 59p

'글 쓰는 마음은 우주의 한복판에 서서 마음을 고요히 한 채 바람에 흔들리고 남을 속이려고 재주 넘는 것들을 성난 얼굴로 살피는 마음이다.'[5]

마음을 고요히 하고, 주변 상황에 흔들리지 않아야 한다. 누군가를 속이거나 욕심을 부리지 말고 그러한 욕심을 스스로 경계해야 한다. 내가 한 만큼만 받겠다는 마음이 있을 때 가능한 이야기다. 글은 솔직하다. 내가 읽은 만큼 나오고, 내가 쓴 만큼 가치가 생긴다.

작가는 아무렇게나 살 수 없다. 작가의 삶은 글과 일치해야 한다. 우리가 책을 쓰면 그것은 글로만 끝나는 것이 아니다. 그 글은 세상에 던져진 공언이자 약속이다. 희망을 담은 글이라 하더라도, 그 희망에 맞게 살아가야 한다. 그렇지 않으면 작가의 삶은 매순간 후회로 이어진다.

작가는 거짓된 이야기를 만들 수 있지만, 자신이 내놓은 이야기를 살아 내지 않으면 결국 그 거짓은 드러나게 된다. 그래서 작가는 늘 책을 쓴 사람답게 살려고 노력한다. 뒤돌아봤을 때 후회의 흔적을 남기고 싶지 않기에 더 그러하다.

---

5) 한승원, 『한승원의 글쓰기 비법 108가지』, 푸르메, 2008, 107p

고독력 기르기

　글쓰기는 본질적으로 혼자의 작업이다. 많은 작가들이 작은 방에 틀어박혀 원고가 끝날 때까지 자리를 뜨지 않는다고 한다. 누군가와 협업하여 책을 낸다 해도, 실제 집필의 순간은 각자 홀로 마주해야 한다. 서로 초안을 교환하고 의견을 나누는 과정이 있을 수는 있다. 그러나 원고를 쓰는 그 순간만큼은 오롯이 자기 혼자의 싸움이다. 결국 작가는 고독 속에서만 글을 완성할 수 있다.

　'사람은 사람들과 관계를 맺고 살되 그 관계 속에서 자기를 자기의 섬 속에 가둘 줄 알아야 하고, 혼자 있을 때에는 자기의 섬으로부터 벗어나 대우주 여행을 할 줄 알아야 한다.'[6]

　각자가 고립된 섬처럼 홀로 살아갈 수 있어야 한다. 고독은 인간에게 두 얼굴을 갖는다. 원치 않게 찾아오는 고립은 외로움(loneliness)이 되지만, 스스로 선택한 고립은 오히려 즐거운 고독(solitude)이 된다. 글을 쓰는 사람에게 필요한 것은 바로 이 자발적인 고독이다. 작가는 세상과 거리를 두고 자기만의 섬에 들어가, 고독을 두려움이 아닌 창작의 자원으로 삼는다. 고독력이란, 혼자 있는 시간을 견디는 힘이 아니라 즐기는 힘이다.

---

6)　한승원, 『한승원의 글쓰기 비법 108가지』, 푸르메, 2008, 56p

혼자 있을 수 있는 힘은 곧 자기 삶을 주체적으로 이끌 수 있는 힘이기도 하다. 고독하지 못한 사람은 끊임없이 타인에게 의지하려 하고, 결국 자기만의 언어와 목소리를 갖지 못한다. 반대로 고독을 즐길 줄 아는 사람은 누구에게도 기대지 않고 스스로 판단하고 선택하며, 그 결과 자기 세계를 단단히 구축한다. 작가에게 이 능력은 절대적으로 필요하다. 글은 타인의 목소리가 아니라 자기 내면의 목소리에서 비롯되기 때문이다.

고독 속에서 쓰는 글은 자신에게 던지는 질문이며, 자기 탐구의 기록이다. 혼자 여행을 떠났을 때를 떠올려 보자. 무엇을 볼지, 어디로 갈지, 무엇을 먹을지조차 스스로 결정해야 한다. 그 과정에서 사람은 끊임없이 자신에게 질문한다. '나는 왜 이 길을 걷고 있는가? 내가 찾는 목적지는 무엇인가?' 글쓰기도 같다. 홀로 앉아 문장을 쓰는 동안 우리는 자기 삶의 방향을 묻고, 그 답을 문장 속에 담는다.

외부의 소음과 관계에서 잠시 벗어나야만 내 안의 목소리가 또렷하게 들린다. 그 목소리를 기록한 글만이 진실하다. 반대로 자신이 누구인지 모른 채 쓴 글은 공허한 흉내에 불과하다. 그래서 작가는 고독의 시간을 통해 자신을 탐구하고, 그 탐구의 결과를 글로 남겨야 한다.

2. 글쓰기로 성장하는 습관

매일 쓰는 사람

많은 사람들이 글을 쓰고 싶어 하면서도 무엇을 써야 할지 모른다. 이는 글감이 없어서가 아니라, 일상을 소재로 인식하지 못하기 때문이다. 우리의 하루는 이미 수많은 이야기로 가득하다. 아침에 마신 커피 한 잔, 출근길 지하철에서 마주친 사람들, 친구의 한마디, 뉴스를 보며 스친 짧은 생각들까지 모두 글이 될 수 있다. 중요한 것은 특별한 사건이 아니라 평범한 순간을 바라보는 시선과 그것을 기록하려는 의지다. 글을 쓰는 사람과 쓰지 않는 사람의 차이는 바로 여기에 있다.

작가는 평범한 일상 속에서도 눈을 열고 귀를 기울이며, 작은 감정을 기억해 두려 한다. 같은 하루를 살아도 어떤 이는 그냥 흘려보내고, 어떤 이는 메모를 남기고, 또 다른 이는 글로 기록한다. 이 차이는 경험의 크기보다 관찰력과 해석력의 차이다. 글감은 멀리 있지 않다. 혼란스럽고 지루한 일상 속에도 감사와 깨달음의 순간이 숨어 있다. 중요한 것은 그것을 놓치지 않고 붙잡아 기록하는 태도다.

이런 태도를 습관으로 만드는 확실한 방법은 매일 쓰는 일이다. 가수 윤종신은 2010년부터 시작한 '월간 윤종신'이라는 프로젝트를 15년이 넘도록 이어 가고 있다. 매달 한 곡을 내겠다고 스스로에게 약속하고, 그 약속을 꾸준히 지켜 온 것이다.

중요하게 봐야 할 것은 '몇 곡이나 냈느냐' 또는 '그중 히트곡은 몇 곡이나 되느냐'가 아니라, 멈추지 않고 발표했다는 점이다. 그 과정에서 새로운 장르를 시도하기도 하고, 다른 가수와 협업하여 음악을 내기도 했다. 그 과정에서 자연히 음악의 스펙트럼이 넓어졌다. 그중에 인기를 얻은 곡도 있었고 관심을 못 받은 곡도 있었지만 한 달에 한 곡씩 차곡차곡 모여 그의 창작 인생이 멋지게 그려졌다.

글쓰기도 날마다 쌓이는 문장이 모여 한 사람의 세계를 만든다. 오늘은 한 문단, 내일은 두 문단. 그렇게 매일 쓴 기록은 한 달이면 작은 묶음이 되고, 1년이면 한 권의 책이 된다. 매일매일의 시행착오를 통해 완성도도 높아진다. 한 번에 완벽한 글을 쓰는 것이 아니라, 흐름을 멈추지 않는 것, 꾸준히 하는 것이 핵심이다.

가수 윤종신이 '월간 윤종신' 프로젝트를 통해 음원을 몇 년 만에 한 번씩 돌아오는 이벤트가 아니라 그의 생활 일부로 만들었듯, 글쓰기도 일상의 습관이 될 때 오래 지속되고 작가의 인생에 변화를 일으킨다. 완벽을 기다리다 시작조차 하지 못하는 것보다, 불완전하더라도 완성을 반복하는 편이 훨씬 낫다. 여기에는 성장이 뒤따르기 때문이다.

　꾸준히 쓰고 세상에 내놓는 행위는 나를 창작하는 사람으로 바꾸어 놓는다. 소비하는 사람에서 생산하는 사람이 된다. 내가 쓴 글은 독자와 만나 반응을 일으키고, 다음 글의 방향을 비춘다. 결과가 어떤가가 중요한 게 아니다. 본질은 완성하여 내놓는 데에 있다. 매일 쓰는 사람은 다른 이들의 반응보다 자기와의 약속을 우선시한다. 약속을 지키며 쌓아 올린 글은 언젠가 나만의 '월간 프로젝트'가 되고, 결국 한 권의 책으로 이어진다. 그 책은 내가 살아온 방식과 생각의 흔적이자, 내 삶의 지도를 만든다.

호기심으로 일상 다시 보기

　글 쓰는 작가의 시선으로 일상을 바라보면 기존에 보이지 않던 것들이 보이기 시작한다. 소설작가가 되고 싶은 사람이 있다. 우선 스토리를 구상하고, 구상한 스토리를 쓰기 시작한다. 문제는 펜을 들자마자 생긴다. '첫 문장을 어떻게 써야 하지?' 이 질문에 사로잡혀 한 글자도 쓰기 어렵다.

　아침 출근길을 묘사하려고 한다. 평범한 사람에게 출근길은 바쁜 일상이고, 다른 일에 대한 생각보다는 출근이 먼저다. 작가는 바쁘게 뛰어다니는 직장인을 묘사해야 한다. 지나치게 구체적이면 지루하지만, 표현이 부족하면 재미가 없다. 가방을 들어야 하나? 걸음걸이도 설명해야 하나? 걸어가는 길에 상점은 어떤 걸로 쓸까? 묘사에 대한 질문이 떠오르기 시작한다.

  떠오른 질문에 대해 답을 하려면 어떻게 해야 할까. 내 주변의 일상을 다르게 봐야 한다. 자세히 보고, 낯설게 보고, 설명할 수 있도록 봐야 한다. 그렇게 작가는 일상을 작가의 눈으로 바라보고, 세상을 바로 보기 시작한다.

  '기억에 새록새록 새겨질 만큼의 새로움이 가득한 순간들이 무심하게 흘러가고, 우리는 매 순간을 감각하고 있다. 내가 어떻게 그 순간을 대하는지에 따라 체감과 기억의 농도는 달라진다.'[7]

  작가는 똑같은 일상도 다른 사람이 바라보듯 볼 수 있어야 한다. 매 순간 글의 주인공은 달라진다. 소설뿐만이 아니다. 자기계발서를 쓰든, 사회와 관련된 분야를 쓰든 같다. 주인공인 '나'는 다른 분야에 있는 사람의 시각으로 쓴다. 과학자가 아니지만, 과학자의 시선으로 과학을 이야기하고, 동물이 아니지만 동물의 시선으로 동물을 이야기한다.

  작가는 저절로 삶을 역지사지(易地思之)하며 살아간다. 그런 시선이 있어야 공감이 가능해진다. 한결같이 과학자의 시선으로 사회를 보고, 과학자의 시선으로 예술을 보고, 과학자의 시선으로 동물을 보면 오직 과학자에 한정된 삶밖에 살지 못한다.

---

7) 허정원, 『생각의 공간』, 북스톤, 2024, 231p

작가는 새로움을 만들어 가는 사람이다. 새로움을 만들기 위해 새로운 시선이 필요하다. 어떤 분야든 옮겨 가 머물고, 옮긴 자리에서 주인공이 될 수 있어야 한다. 수처작주(隨處作主)라는 말이 있는 이유도 그것에 있다. 어느 곳이든 가는 곳마다 주인공이 되라는 말이다. 다양한 시선을 갖는 사람, 그런 사람이 작가다. 작가는 그런 시선을 가지기 위해 다양한 독서를 하고, 경험을 하고, 배움을 청한다.

3. 글쓰기가 키워 주는 능력

순간을 잡아채는 포착력

　인상깊은 사진을 떠올려 보자. 같은 풍경을 담아도 어떤 이가 찍은 사진은 기억에 오래 남고, 어떤 사진은 금세 잊힌다. 그 차이는 사진 찍은 사람이 무엇을 어떻게 포착했는지에 있다. 빛이 기울어 드는 각도, 그림자의 길이, 피사체를 바라보는 시선, 셔터를 누른 찰나의 순간이 모여 사진에 힘을 준다. 그리고 그 안에 이야기까지 담겨 있을 때 사진은 단순한 기록을 넘어 마음을 움직이는 작품이 된다.

　사진에서 포착이 중요한 이유는, 순간이 다시 오지 않기 때문이다. 지나가 버린 빛과 표정, 움직임은 다시 똑같이 재현할 수 없다. 좋은 사진가는 이 사실을 알고 늘 순간을 붙잡을 준비를 한다. 그렇게 준비된 눈과 마음이 있을 때, 일상의 평범한 장면도 특별한 기록으로 남는다. 포착력은 무심히 흘러가 버릴 순간에 의미를 부여하는 힘이다.

　글쓰기도 이와 같다. 글을 쓰는 사람은 대화 속에서 흘러나온 짧은 말, 지나가는 길에 스쳐 본 풍경, 책 속의 한 문장을 그냥 지나치지 않는다. 그것을 마음에 붙잡아 두고 기록하는 순간, 일상은 글의 재료로 바뀐다. 글쓰기는 사진의 셔터와 같다. 눈 앞의 순간을 포착해 멈추게 하고, 사라질 경험을 오래 머물게 한다. 그렇게 붙잡힌 순간이 모여 글이 되고, 글은 다시 우리의 삶을 풍성하게 한다.

포착력에는 3가지 의미가 있다.

첫째, 어떤 대상을 끝까지 붙잡는 힘이다. 작가는 물고 늘어져야 한다. 한 번 붙잡은 대상을 충분히 이해하지 못했다면 쉽게 놓아서는 안 된다. 사진가가 원하는 장면을 얻기 위해 끝까지 따라가듯, 글쓴이도 자신이 쓰고자 하는 대상을 집요하게 바라봐야 한다. 물론 무엇에 집착해야 하고, 무엇을 내려놓아야 하는지는 분별할 줄 알아야 한다. 하지만 글을 쓰는 사람에게 필요한 것은 바로 이 건강한 집착이다. 마음이 끌리는 대상에 온 관심을 쏟고, 쉽게 잊지 않는 태도가 있어야 글이 살아난다. 그렇게 자기만의 주제를 붙잡고 세상을 바라보는 순간, 세상은 늘 새로운 모습으로 다가온다.

둘째, 요점을 파악하는 힘이다. 포착을 잘한다는 것은 불필요한 것들을 의식적으로 배제할 줄 안다는 뜻이다. 작가는 모든 것을 붙잡을 수 없다는 것을 알아야 하고, 버려야 할 것을 먼저 버릴 수 있어야 한다.

글을 쓰는 데 방해가 되는 요소를 정리하면 꼭 필요한 것이 선명해진다. 카메라 렌즈가 초점을 맞추면 찍고 싶은 대상은 선명하게 드러나고, 주변은 자연스럽게 흐려진다. 작가는 말하고자 하는 핵심에만 시선을 고정해야 한다. 이렇게 요점만을 포착하는 습관이 자리 잡을 때 언제 어디서나 핵심을 뽑아내는 능력이 생긴다.

셋째, 기회와 흐름을 알아차리는 힘이다. 사진가들 중에는 한 쪽 눈을 감고 피사체에만 집중하는 이도 있지만, 뛰어난 사진가는 두 눈을 뜨고 세상을 바라본다. 눈 앞의 장면을 담는 동시에 주변에서 벌어지는 변화를 함께 살피는 것이다. 글쓰기도 마찬가지다. 순간을 기록하는 감각에만 몰두하면 더 큰 맥락을 놓칠 수 있다. 두 눈을 크게 뜨고 귀를 열어 세상의 움직임을 살펴야 한다. 그래야 예기치 않은 기회를 알아차리고, 새로운 장면을 포착할 수 있다.

깊이 들여다보는 관찰력

작가는 관찰력을 가져야 한다. 일상에서 글감을 발견하는 능력이 곧 글쓰기의 출발점이 되기 때문이다. 이를 위해 사물이나 사람, 상황을 자세히 살피는 눈이 있어야 한다.

관찰(觀察)이란 주의해서 자세히 살펴보는 일이다. 한 곳에 관심을 기울이고 사소한 부분까지 아주 구체적으로 살피어야 한다. 눈 앞에 있는 것의 모양과 특징, 그것을 어떻게 표현할 수 있을지, 또 글 속에서 어떻게 구성할 수 있을지를 떠올리며 바라보는 것이다. 사람들의 표정과 대화, 자연의 작은 변화들까지 세심하게 관찰하고 기록하는 연습이 필요하다. 같은 상황도 다른 시각에서 다시 보면 전혀 다른 의미를 가질 수 있다

때때로 평범한 일을 어색하게 바라보아야 한다. 누구나 당연하게 지나치는 일상을 의도적으로 어색하게 바라볼 때 글감은 드러난다. 익숙한 길 대신 다른 길로 출근하거나, 늘 같은 방식으로 반복하던 일을 다르게 해 보는 것도 좋은 방법이다. 작가는 익숙함에 머무르지 않고 새로운 시선을 가지려는 노력이 필요하다.

관찰력은 주위를 살피는 것에 그치지 않는다. 진정한 관찰은 시간 속에서 일어나는 작은 변화들을 지켜보는 것이다. 변화는 한순간에 드러나지 않는다. 기다림 속에서 집중과 인내가 필요하다.

관찰을 잘 하는 사람은 인내를 요구하는 순간을 견뎌 낸다. 사진작가를 예로 들어 보자. 완벽한 한 장면을 담기 위해 오랜 기간 설산 속에서 기다리기도 한다. 그들은 하나의 장면을 찍기 위해 긴 시간을 인내하며, 날씨와 싸우고, 환경에 적응한다. 지루한 기다림 속에서 모든 집중력을 쏟고, 그 순간이 오기를 인내하며 기다린다.

결국 관찰력은 집중력과 인내력이 결합된 상태에서만 진정한 의미를 찾을 수 있다. 이 세 가지 능력은 서로 보완적으로 작용하며, 작가가 쓰는 글의 품질을 높이는 기반이 된다. 순간을 붙잡는 포착력이 있다면 관찰력은 그 순간을 오래 바라보며 의미를 더하는 과정이다. 관찰이 깊어질수록 글은 섬세해지고, 생생해진다.

의미를 찾아내는 해석력

작가는 눈에 보이는 것을 기록하는 사람이 아니다. 눈 앞의 사실을 받아들이는 데서 멈추지 않고, 그 속에서 의미를 찾는 사람이 바로 작가이다. 해석이란 이해한 것을 바탕으로 풀어내는 과정이다. 이해하지 못한 것은 끝내 글로도 옮겨 낼 수 없다. 해석에는 늘 이해가 전제되어 있어야 한다.

같은 현상도 어떻게 이해하고 해석하느냐에 따라 전혀 다른 이야기가 된다. 공사 중인 길을 지나친다고 생각해 보자. 어떤 이는 불편과 지연을 먼저 떠올리고, 또 다른 이는 곧 더 편리한 길이 열릴 것이라 기대한다. 똑같은 길이지만, 어떻게 이해하고 해석하느냐에 따라 전혀 다른 이야기가 된다. 같은 현상도 작가에 따라 해석의 방향이 달라지고 글의 울림 또한 달라진다.

'아는 만큼 보인다'라는 말이 있다. 같은 그림이라도 배경지식이 없는 사람에게는 단순한 색의 나열로만 보이지만, 화가의 시대적 맥락과 작품의 의도를 아는 사람은 그 안에서 깊은 상징과 메시지를 읽어 낸다. 음악 또한 마찬가지이다. 누군가는 단순한 멜로디로 듣지만, 누군가는 리듬과 화성의 변화를 해석해 감동을 더 깊게 느낀다. 이해의 폭이 넓을수록 해석도 깊어진다.

좋은 해석은 다양성을 받아들이는 태도에서 시작된다. 세상에는 나와 다른 방식, 다른 입장이 늘 존재한다. 이를 무시하면 시야는 좁아지고 해석도 단편적으로 흘러간다. 그러나 차이를 이해하고 수용하면 그 속에서 새로운 의미가 드러난다.

아이들을 두고 '요즘 애들은 버릇이 없다'고 말하는 이는 변화의 맥락을 읽지 못한 것이다. 그에게는 새로운 세대가 보여 주는 자유와 개성이 낯설고 불편하게만 다가온다. 그래서 과거의 잣대로 현재를 재단하며, 결국 세상과 점점 멀어진다. 반면 '이 시대는 각자의 개성이 존중받는 흐름'이라고 해석하는 이는 전혀 다른 태도를 보여 준다. 그는 변화 속에서 불안이 아니라 가능성을 본다. 다름을 결핍이 아니라 다양성으로 받아들이며, 미래의 사회가 요구할 새로운 질서를 미리 준비한다. 같은 현상을 두고도 한쪽은 과거의 잣대로 현재를 재단하고, 다른 한쪽은 변화 속에서 새로운 가능성을 읽어낸다. 이 차이가 곧 해석의 힘이며, 작가의 태도다.

작가의 해석은 글의 방향과 울림을 결정한다. 이해 없는 해석은 고정된 시각에 갇혀 독자와의 소통을 막지만, 이해를 바탕으로 한 해석은 새로운 시각, 다양한 관점을 제시하며 세상의 흐름을 따라가게 만든다.

5장

나와 세상을 연결하는 글쓰기

4장에서 우리는 글쓰기를 나를 위한 도구로 사용했다. 내 마음속 깊은 곳을 들여다보고, 감정을 정리하며, 나만의 기록을 쌓아 가는 글이었다. 이 단계에서는 문장의 완성도보다 '나에게 솔직해지는 것'이 더 중요했다. 독자를 의식하지 않고 써도 괜찮았고, 오히려 그렇게 써야 했다.

그러나 글이 책상 위를 벗어나 세상으로 향하는 순간, 상황은 달라진다. 이제 글에는 독자가 생긴다. 독자가 있다는 것은, 그들의 시간을 빌려야 한다는 뜻이다. 빌린 시간을 헛되이 쓰게 할 수는 없다. 여기서부터 글은 단순한 자기표현이 아니라 '전달'의 도구가 된다. 내가 말하고자 하는 것을 오해가 없도록, 그리고 설득력 있게 건네야 한다. 이를 위해서는 감정이나 생각만으로는 부족하다. 글의 구조와 설계가 필요하다. 뼈대를 세우고, 흐름을 만들고, 세상에 맞게 표현을 다듬어야 한다.

5장은 이 과정에 대한 이야기이다. 내 안의 이야기를 꺼내어 세상과 연결하는 방법, 그리고 그 과정에서 필요한 기술과 태도를 다룬다. 이 연결 과정을 통해 작가의 글은 '내 이야기'에서 '우리의 이야기'로 확장된다.

1. 글의 설계와 구성

글쓰기도 건축물과 같이 설계가 중요하다. 글의 설계가 허술하면 중간에 길을 잃기 쉽고, 독자는 무엇을 읽었는지 기억하지 못한다. 반대로 설계가 탄탄하면 문장을 다듬는 과정도 훨씬 수월하다. 설계의 핵심은 주제와 메시지를 분명히 하고, 그에 맞는 소재를 고르며, 독자가 이해하기 쉬운 구조를 만드는 것이다.

주제, 메시지, 소재

좋은 글은 중심이 명확하다. 주제가 흐릿하면 글이 사방으로 흩어지고, 메시지가 불분명하면 독자가 글을 읽고도 남는 것이 없다. 주제와 메시지, 그리고 소재의 차이를 명확하게 이해하는 것이 잘 읽히는 글쓰기의 시작이다.

주제는 글의 큰 틀, 즉 다루고자 하는 범위를 의미한다. '무엇에 대해 쓰는가?'라는 질문에 대한 답이 주제다. 주제는 방향을 잡아 주는 나침반이자, 글의 출발점이다. 예를 들어 '기후 변화', '청소년의 독서 습관', '작은 가게 창업기' 등이 주제가 될 수 있다. 주제가 너무 넓으면 글이 산만해지고, 너무 좁으면 할 말이 금방 고갈된다. 그래서 주제를 정할 때는 범위를 적절하게 조율하는 것이 중요하다.

메시지는 주제 속에서 내가 전하고자 하는 핵심 주장이다. 주제가 뼈대라면, 메시지는 그 뼈대에 붙는 살이다. '이 주제로 독자에게 무엇을 말하고 싶은가?'라는 질문에 답하는 것이 메시지이다. 같은 주제라도 메시지는 전혀 달라진다. '기후 변화'라는 주제에서 '지금 행동하지 않으면 미래 세대가 위험하다'라는 메시지를 전할 수도 있고, '기후 변화는 산업 구조 개혁의 기회다'라는 메시지를 전할 수도 있다. 주제가 같더라도 메시지가 달라지면 글의 성격이나 분위기, 방향이 완전히 바뀐다.

소재는 주제와 메시지를 독자에게 실감나게 전달하기 위한 구체적 재료이다. 소재는 장면, 사례, 데이터, 경험담, 인터뷰, 역사적 사건 등 다양하다. '기후 변화'가 주제이고, '지금 행동하지 않으면 미래 세대가 위험하다'라면 소재로는 '빙하가 무너져 내리는 북극 영상', '폭우로 마비된 도시의 하루', '기후 난민 가족의 인터뷰' 등이 될 수 있다. 소재는 독자가 글 속의 내용을 머릿속에서 그려 볼 수 있게 만드는 역할을 한다.

정리하자면, 주제는 글의 뼈대, 메시지는 그 위에 붙이는 살, 소재는 그 살에 숨결을 불어넣는 과정이다. 주제 없이 메시지만 있으면 말의 방향이 모호해지고, 메시지 없이 주제만 있으면 목적 없는 설명이 되어 버리고 만다. 소재 없이 주제와 메시지만 있으면 글은 건조해지고, 소재만 있다면 강렬한 장면이 이어져도 결국 흩어진 이미지 모음에 불과하다. 세 요소가 갖춰질 때 글은 형태를 갖추고, 의미를 지니며, 생생하게 살아난다.

글을 쓰기 전, 다음 세 문장을 채워 보는 습관을 들이면 글이 훨씬 선명해진다.

이 글의 주제는 ○○이다.
내가 전하고 싶은 메시지는 ○○이다.
그 메시지를 설명할 소재는 ○○, ○○, ○○이다.

단순해 보이지만 이 세 문장을 써 보고 글을 시작하면 길을 잃지 않고 나아갈 수 있다.

소재 발굴과 확장

주제나 메시지가 명확해도, 이를 뒷받침할 구체적인 장면과 사례가 없다면 글은 공중에 붕 뜬 느낌이 들고, 재미와 맛도 사라진다. 독자는 논리나 주장보다는 '보이는 것'에 먼저 반응한다. '중요한 것은 습관입니다'라는 주장을 하는 것보다, '매일 10분씩 걷기 시작한 직장인이 1년 만에 혈압약을 끊었다'라고 말할 때 듣는 이의 마음이 훨씬 강하게 움직인다.

좋은 소재는 독자가 글 속에 들어와 장면을 보게 만들고, 그 장면이 메시지를 전하게 한다. 글을 쓰는 사람은 의도적으로 소재를 발굴하고, 꾸준히 확보하는 습관을 길러야 한다. 글감은 우연히 나타나기도 하지만, 기다리기만 해서는 모자라다. 적극적으로 찾아야 하고, 그 과정에서 글의 설득력과 생명력이 높아진다.

좋은 소재를 찾는 방법은 크게 세 가지 단계로 이야기할 수 있다.

첫째, 관찰이다. 특별한 장소에 가지 않아도 일상은 소재로 가득 차 있다. 버스 정류장에서 마주친 표정, 편의점 계산대에서 오간 한마디, 창밖을 스치는 계절의 변화까지 모두 글감이다. 중요한 것은 '의식적으로 바라보는 눈'을 갖는 것이다.

둘째, 수집이다. 떠오른 장면이나 문장은 그때그때 메모해야 한다. 스마트폰 메모 앱, 포스트잇, 수첩 등 무엇이든 좋다. 시간이 지나면 흐릿해지기에, 생각났을 때 바로 붙잡아야 한다.

셋째, 변형이다. 수집한 소재는 그대로 쓰기보다 주제와 메시지에 맞게 가공해야 한다. 영화감독이 촬영한 원본 필름을 편집하듯, 소재도 선택하고 재배치하며 새로운 의미를 부여한다.

관찰, 수집, 변형의 과정을 통해 소재를 모았다면 소재를 확장하는 방법도 있다. 하나의 장면에서 출발해 연관된 이야기를 덧붙이거나, 반대로 장면을 잘게 쪼개 디테일을 풍성하게 하는 것이다. '비 오는 날 카페'라는 메모가 있다면, 거기서 창밖 풍경, 커피 향, 옆자리 대화, 손에 쥔 책의 제목 같은 디테일을 더해 소재를 확장할 수 있다. 혹은 그날의 비가 나에게 불러 일으킨 추억, 비와 관련된 역사적 이야기, 비에 대한 유명 시인의 구절로도 확장할 수 있다. 이런 식으로 소재는 글 쓰는 사람의 시선과 경험, 개성, 연결 능력에 따라 끝없이 뻗어 나갈 수 있다.

결국 글을 쓰는 사람은 소재 수집가여야 한다. 매일의 관찰과 기록이 쌓이면 글을 쓸 때 소재를 찾느라 머리를 싸맬 필요가 없다. 필요한 건 '이 주제와 메시지를 살리기에 적합한 소재는 무엇인가'라는 질문이다. 그 질문에 답할 수 있다면 이미 글의 절반은 완성되었다고 보아도 좋다.

구조 잡기

글의 구조는 건물의 설계도와 같다. 기초를 어떻게 쌓고, 벽을 어디에 세우며, 출입구를 어디에 둘 지가 정해져야 사람들이 그 안에서 편안하게 움직일 수 있다. 주제와 메시지, 소재가 아무리 좋아도, 구조가 엉켜 있으면 글은 독자의 머릿속에서 쉽게 무너진다. 구조를 짠다는 것은 내용을 나열하는 것이 아니라, 전달하려는 의도를 효과적으로 드러내는 순서를 정하는 일이다.

　가장 대표적인 것은 '**기-승-전-결(起-承-轉-結) 구조**'이다. 기승전결의 구조는 이야기 글에서 실용적이다.

　시작인 기(起)의 단계에서는 이야기나 주제를 제시하여 독자의 관심을 당긴다. 문제 제기나 상황, 정황 등을 설명한다. 승(承)의 단계에서는 앞서 제기한 주제를 자연스럽게 확대하여 전개한다. 기(起) 단계에서 미처 하지 못했던 배경 설명과 구체적인 정보 제공한다. 전(轉)은 전환의 차례다. 기(起)와 승(承)에서와는 다르게 새로운 이야기가 급 전개된다. 예상과는 다른 방향으로 이야기가 전개되고, 갈등과 반전이 일어난다. 마지막으로 결(結) 단계에서는 전체 내용을 정리하며 핵심 메시지를 강조하고 독자에게 여운을 남기며 마무리한다.

　우리가 알고 있는 많은 이야기들이 기승전결의 구조를 따른다. 덕분에 이야기는 재미있어지고 전달하고자 하는 메시지는 강력해진다.

　토끼와 거북이는 기승전결의 구조를 전형적으로 잘 보여 준다.
　기(起) - 상황 설정
　숲 속에 토끼와 거북이가 살았습니다.
　토끼는 빠르고 거북이는 느립니다. 토끼는 자신이 빠르다고 자랑하며 거북이를 무시합니다.
　승(承) - 사건 전개

빠르다고 으스대는 토끼는 잘난 척을 하려고 거북이에게 달리기 시합을 제안합니다.

숲속 친구들이 보는 앞에서 경주가 시작됩니다. 토끼는 출발과 동시에 빠르게 앞서갑니다.

전(轉) - 반전

토끼는 자신이 당연히 이길 것이라 자신만만해서, 경주 도중 잠시 낮잠을 잡니다.

거북이는 느리지만 꾸준히 달려 나갑니다.

결(結) - 마무리와 교훈

결국 거북이가 먼저 결승선에 도착해 경주에서 승리합니다.

느린 것 같아 보일지라도 꾸준히 노력하는 자가 결국은 승리를 얻습니다.

토끼와 거북이와 같은 기승전결이 완벽한 이야기는 아이들이 봐도 쉽게 이해된다.

이 이야기는 '느리지만 꾸준한 것의 가치'가 주제가 되고, 메시지는 '자신의 속도로 꾸준히 가는 사람이 목표에 도달한다'가 된다. 소재는 '토끼의 경주 제안', '토끼의 빠른 출발', '토끼의 낮잠', '거북이의 꾸준한 전진'이 된다. 기승전결 중 한 부분이라도 누락되면 완전한 글이 되기 어렵다. 글의 구조가 중요한 이유이다.

정보나 주장을 전하는 실용 글에서는 **'문제-원인-해결 구조'**가 효과적이다. 먼저 읽는 이가 공감할 수 있는 문제를 제시하고, 그 문제가 생긴 원인을 설명한 뒤, 해결책을 제안하는 방식이다.

'직장인의 만성 피로'라는 주제로 글을 쓴다면 다음과 같이 구성할 수 있다.

문제 : 많은 직장인은 아침부터 피곤합니다.
원인 : 수면의 질이 낮고, 스트레스가 많이 쌓였기 때문입니다.
해결 : 하루 30분 햇볕을 쬐고, 퇴근 후 가벼운 스트레칭을 해 봅시다.

이 구조는 '직장인의 만성 피로'가 주제가 되고, 메시지는 '생활 습관을 개선하면 피로를 줄일 수 있다'가 된다. 소재는 '출근길 지하철에서 졸고 있는 직장인의 모습', '수면 시간과 스트레스의 상관 관계 연구 결과', '햇볕 쬐기와 스트레칭 효과를 본 사례' 등이 될 수 있다.

의견을 설득하는 글에는 **'OREO 구조'**가 힘이 있다. OREO는 Opinion(의견), Reason(이유), Example(예시), Opinion(의견 재강조)의 앞 글자를 따서 붙인 것이다. 인터뷰, 발표, 토론 글 등에 많이 사용된다. O(Opinion, 의견)에서 자신의 주장을 명확히 밝히고, R(Reason, 이유)에서 그 근거를 제시하며, E(Example, 사례)에서 구체적인 예를 들고, 마지막 O(Opinion, 다시 의견)에서 주장을 다시 강조한다.

다음과 같은 구조로 주장하는 글을 구성할 수 있다.

O (의견) : 글쓰기 실력을 키우려면 반드시 읽어야 한다.
R (이유) : 독서는 다양한 어휘와 표현을 익히게 한다.
E (예시) : 하루 30분씩 독서한 한 작가의 문장력이 눈에 띄게 향상되었다.
O (의견 재강조) : 따라서 꾸준한 독서가 좋은 글의 출발점이다.

이를 주제, 메시지, 소재로 나누면, 주제는 '독서와 글쓰기의 관계'가 되고, 메시지는 '꾸준한 독서가 글쓰기 실력을 높인다'이다. 소재는 '독서와 어휘력 향상에 관한 연구 결과', '작가의 실제 습관', 독서 전후의 글쓰기 비교 사례' 등이 될 수 있다.

기승전결 구조, 문제-원인-해결 구조, OREO 구조 외에도 비교-대조 구조, 시간 순서 구조, 나열형 구조 등 다양한 틀이 있다. 중요한 것은 틀을 외우는 것이 아니라 자신이 말하고자 하는 주제와 메시지를 효과적으로 전달할 수 있는 것이 어떤 것인지에 대한 생각이다. 말하고자 하는 내용에 알맞은 구조를 취하게 되면 각 단락이 어떤 역할을 해야 할지가 분명해지고, 글의 전체 흐름이 안정감 있게 완성된다.

단락 구성과 흐름

 단락은 여러 문장이 모여 하나의 의미 덩어리를 이루는 글의 기본 단위이다. 단락이 시작되면 새로운 생각이나 내용을 다루고, 단락이 끝나면 그 생각이 정리된다. 문장을 적당히 끊어 가독성을 높이는 시각적 기능도 있지만, 본질적으로 글의 내용을 구분하고 구조를 잡아 주는 역할을 한다.
 잘 만든 단락은 독자가 내용을 한 덩어리씩 받아들이게 하고, 다음 내용으로 넘어갈 준비를 하게 한다. 반대로 단락 구분이 엉성하면 글 전체의 흐름이 모호해지고 독자의 집중도 떨어진다. 글의 흐름을 원활하게 만들기 위해 단락을 어떻게 구성해야 할까?

 첫째, 단락 안에는 반드시 하나의 핵심만 담아야 한다. 핵심이 두 개 이상 섞이면 문장의 힘이 분산되고 독자는 무엇이 중요한지 헷갈린다. 단락의 첫 문장은 독자에게 '이번에는 이런 이야기를 하겠다'라는 신호를 주는 문장이어야 한다. 중간 문장은 이 핵심을 구체적인 근거, 사례, 설명으로 뒷받침하고, 마지막 문장은 다음 이야기로 넘어가는 다리가 되어야 한다. 이렇게 단락 안에서도 작은 '기-승-전-결'의 흐름이 살아 있으면 글이 안정감을 갖는다.

 둘째, 단락과 단락 사이의 연결이 매끄러워야 한다. 한 단락이 끝나고 다음 단락이 시작될 때, 독자가 갑자기 장면이 끊겼다고 느끼면 흐름이 깨진다. 재밌게 보던 이는 마치 드라마에서 초반에 던진 소위 떡밥을 끝까지 회수하지 않거나, 개연성 없는 전개로 결말을 내는 것과 같다. 그 드라마를 본 시청자는 '이게 무슨 얘기야?'라는 의문을 품고 그 순간부터 작품에 대한 몰입도가 떨어진다. 글도 마찬가지다. 앞 단락에서 던진 생각이나 이야기의 맥락이 다음 단락으로 이어져야 한다.

이를 위해 브릿지 문장을 활용하면 좋다. 브릿지 문장은 앞 단락의 내용을 한 줄로 정리하며, 다음 단락의 주제를 살짝 예고하는 문장이다. 예를 들어 '독서는 사고의 깊이를 만든다'라고 마무리하면, 다음 단락은 '그래서 글쓰기에 독서는 필수다'라고 시작할 수 있다. 이렇게 하면 글이 하나의 유기체처럼 연결된다.

셋째, 단락의 길이와 호흡을 조절해야 한다. 짧은 단락은 속도를 높이고 긴장감을 주며, 긴 단락은 설명과 묘사를 담아 이해를 돕는다. 그러나 한 단락이 너무 길어지면 독자는 집중력을 잃기 쉽다. 대체로 3~7문장을 한 단락으로 구성하는 것이 좋다. 길이가 길면 과감히 나누고 너무 짧으면 연결하여 리듬감 있도록 만든다. 단락의 길이를 조율하는 일은 읽기 좋은 글을 만드는 간단하고 강력한 방법이다.

단락의 호흡을 조절하는 좋은 방법 중 하나는 '말하듯이 쓰기'이다. 강원국 작가는 『나는 말하듯이 쓴다』에서, 글이 읽히지 않는 큰 이유 중 하나가 호흡이 불편하기 때문이라고 말한다. 말하듯이 쓴 글은 문장이 길어도 호흡이 자연스럽게 이어진다. 짧아도 끊김이 어색하지 않다. 이를 실천하려면 초안을 쓴 뒤 소리 내어 읽어 보는 것이 좋다. 소리 내어 읽을 때 숨이 차거나 어색하게 끊기는 부분이 있다면 그곳이 호흡을 조절해야 할 지점이다. 이런 식으로 단락의 길이와 호흡을 직접 몸으로 느끼면서 조율하면, 글이 훨씬 매끄럽게 흘러간다.

글 쓰기에는 주제, 소재, 구조, 표현이 중요하다고 강조한『책쓰기와 글쓰기』의 작가 손정은 다음과 같이 조언했다.

"무엇을 써야 할지 모르겠다면, 주제와 소재를 찾지 못했다는 뜻이다. 독자의 문제를 해결하고, 지식과 감동을 줄 수 있는 주제를 고민하라. 일상에서 의미를 찾고 경험과 사례를 기록해 두면 쓸 거리는 늘 생긴다. 소재가 있더라도 쓰기 어렵다면 무작정 쓰기 보다, 좋은 글을 요약하며 작가의 글쓰기를 배우고 따라하는 습관을 들여라."[8]

글은 구체적인 재료 위에서만 살아난다. 글쓰기는 무엇을 말할 것인가와 그것을 어떻게 보여 줄 것인가를 풀어 내는 일의 결합이다. 주제를 통해 글의 방향을 결정하고 소재를 통해서 글의 살을 채운다. 그래서 많이 읽고 많이 써야 한다.

[8) 손정,『책쓰기와 글쓰기』, KSAM, 2020, 47p

2. 독자를 사로잡는 표현

첫 문장으로 끌어당기기

첫 문장은 독자가 이 글을 읽을지 말지를 결정하는 순간이다. 첫 문장이 힘을 잃으면 그 뒤의 문장은 읽히지도 않는다. 『노인과 바다』로 노벨문학상을 받은 미국작가 어니스트 헤밍웨이는 '한 문장만 쓰면 된다. 그리고 그 한 문장이 진실하면 된다'고 말했다. 그는 긴 서론 대신, 독자가 바로 장면 안으로 들어가도록 만드는 문장을 썼다. 『노인과 바다』의 첫 문장은 다음과 같다.

"그 노인은 84일 동안 물고기를 잡지 못했다."

불필요한 배경 설명 없이 독자를 이야기의 한가운데로 바로 데려간다. 단 한 줄이지만 독자는 이미 궁금해진다. 왜 이렇게 오래 물고기를 못 잡았을까? 그 다음은 어떻게 될까?

일상에서도 첫 문장은 마찬가지 효과를 가진다. 회식 자리에서 누군가가 '있잖아, 어제 진짜 황당한 일이 있었어'라고 말하면 우리는 본능적으로 '뭔데?' 하고 몸을 기울인다. 글쓰기에도 이런 심리를 활용하면 된다. 질문, 도발, 강렬한 이미지, 놀라운 사실, 짧은 선언문 등은 모두 훌륭한 시작이 된다.

첫 문장은 독자를 '멈추게 만드는 힘'이 필요하다. 다음의 독자들을 한순간 이야기의 가운데로 끌어들인 소설 속 첫 문장들이다.

'그레고르 잠자가 어느 날 아침 불안한 꿈에서 깨어났을 때, 그는 자신이 침대에서 거대한 벌레로 변해 있는 것을 발견했다.'

— 카프카 『변신』 —

'모든 아이들은 자란다. 단 한 아이만은 그렇지 않다.'

— 제임스 매슈 배리 『피터팬』 —

'행복한 가정은 모두 비슷하지만, 불행한 가정은 저마다의 방식으로 불행하다.'

— 레프톨스토이 『안나 카레리나』 —

첫 문장은 독자를 끌어들이는 문이자 문턱이다. 문턱이 너무 높아도, 너무 밋밋해도 사람들은 들어오지 않는다. 문을 열었을 때 안쪽이 궁금해지는 글이 좋은 시작이다. 독자를 끌어당기는 글을 쓰고 싶다면 맨 처음 문장을 어떻게 써 볼까 고민해 보는 것이 중요하다.

구체적으로 묘사해 보기

추상적인 말은 읽는 이의 기억에 남지 않는다. 예를 들어 '날씨가 좋았다'라는 문장은 각자에게 다른 그림을 떠올리게 한다. 같은 그림을 그리게 하지 못하기 때문에 어떤 이는 화창한 봄날을, 어떤 이는 가을 하늘을 상상할 수 있다. 반면, '햇살이 장독대 위에서 조각나듯 반짝였다'라고 한다면, 읽는 이로 하여금 같은 장면을 머릿속에 그리게 된다. 이와 같이 구체적인 묘사는 독자의 눈앞에 그림을 그린다.

문학에서 강렬한 장면으로 기억되는 작품들은 대부분 감각을 동원한 묘사가 뛰어나다. 이청준의 소설『눈길』은 시각뿐 아니라 청각까지 자극한다. 눈 위를 걸을 때 발밑에서 '뽀드득' 소리가 나고, 그 차가움이 발끝으로 스며드는 장면을 읽는 순간 그 자리에 서 있는 것 같은 몰입감을 준다.

구체적 묘사는 있는 그대로를 적는 것이 아니라 작가가 보고 느낀 것을 독자가 느낄 수 있도록 감각의 언어로 표현하는 것이다. 시각, 청각, 촉각, 후각, 미각을 모두 활용할 수 있다. 시장이라는 단어만 사용하는 대신, '오징어를 말리는 비릿한 냄새와 갓 튀긴 도너츠의 고소한 냄새가 골목 안에 진동했다'라고 표현하면 읽는 이까지 시장 한가운데 서 있는 경험을 하게 한다.

구체적인 장면을 묘사하는 힘은 관찰에서 나온다. 평소에 사람들의 표정, 풍경의 느낌, 소리의 높낮이, 공기의 냄새 등을 유심히 관찰하고 기록하는 습관을 들이면 글감이 풍성해진다. 좋은 묘사는 읽는 이에게 그 장면을 보고 있는 착각을 준다. 글로만 읽은 간접경험일 뿐인 데도 독자의 마음에는 진짜로 경험한 것처럼 남는다.

리듬과 호흡 조절

글에서 리듬과 호흡은 읽는 사람의 피로도를 줄이고 집중력을 유지하게 하는 핵심 요소이다. 아무리 좋은 내용이라도 문장이 길고 숨 쉴 틈 없이 이어지면, 독자는 중간에 지쳐 버린다. 반대로 모든 문장을 짧게만 쓰면 리듬이 단조로워져 기계음처럼 느껴진다. 글에 생명력을 불어넣으려면 문장의 길이와 호흡에 변화를 주어야 한다.

문장 길이의 균형을 잡는 것이 첫걸음이다. 핵심을 전할 때는 짧은 문장이 좋다. '이것이 답이다'처럼 단호하고 명확하게 전달될 수 있다. 반면, 배경 설명이나 사례를 덧붙일 때는 긴 문장이 어울린다. 긴 문장을 쓸 때는 중간중간 쉼표나 마침표로 호흡을 끊어 독자가 따라가기 쉽도록 해야 한다.

긴 문장은 읽기 어렵고 정확하게 의미 전달하기 어렵다. '아침에 일어나서 부엌으로 갔는데 창밖에서 비가 오는 소리가 들렸고, 그 소리가 오늘 하루를 어떻게 보낼지 생각하게 만들었다'라고 쓰는 대신에 '아침에 부엌으로 갔다. 창밖에서 비가 왔다. 그 소리가 오늘 하루를 어떻게 보낼지 고민하게 했다'라고 쓴다. 긴 문장을 끊으면 리듬도 살리고 전달력도 높아진다.

강조하고 싶은 부분은 과감히 한 줄로 끊는다. 예를 들어 '결국 선택은 당신의 몫이다'와 같이 중요한 메시지를 한 문단으로 배치하면, 독자의 시선이 멈추고 생각이 머문다. 이렇게 끊어 쓰는 방법은 시각적으로도 강조 효과가 생긴다.

여백과 문장 나누기도 중요한 호흡 조절 방식이다. 페이지에 빼곡히 채워진 문장은 읽기에 부담을 준다. 단락을 나누고, 여백을 두면 시선이 쉬어 갈 자리가 생긴다.

앞서 언급했듯이 리듬과 호흡을 살리는 좋은 방법은 말하듯이 쓰기와 소리 내어 읽기이다. 말하듯 쓰면 호흡은 자연스러워지고, 소리 내어 읽으면 한 호흡에 들어오지 않는 문장을 바로 알 수 있다. 글은 눈으로만 쓰는 것이 아니라 귀로도 들으며 다듬어야 한다.

비유, 은유, 반어 활용하기

비유, 은유, 반어는 글을 생생하게 만들고 독자들의 주의를 붙잡는 표현 도구이다. 적절히 사용하면 글이 입체적으로 바뀐다. 그러나 과하거나 진부하면 오히려 글의 힘을 떨어뜨린다.

첫 번째, 비유는 'A는 마치 B와 같다'처럼 두 가지 다른 대상을 비교해 이해를 돕는 방식이다. '그의 목소리는 겨울 아침 공기처럼 차갑다'라고 하면 차갑다라고만 말하는 것보다 훨씬 명확하고 감각적으로 다가온다. 비유는 독자에게로 도달해 이미 알고 있는 익숙한 경험을 불러와 낯선 개념을 쉽게 이해할 수 있도록 돕는다.

두 번째, 은유는 비교 대상을 직접 말하지 않고, 하나를 다른 것으로 바꾸어 말하는 방식이다. '그는 나의 등대다'라고 한다면, 실제 등대를 말하는 것이 아니라 나에게 길을 안내하고 버팀목이 되는 존재라는 뜻을 담는다. 은유는 함축성과 여운을 만들어 독자가 스스로 의미를 확장하게 만든다.

세 번째, 반어는 실제 의미와 반대되는 말을 사용해 아이러니와 유머, 혹은 비판을 전달한다. '회의가 정말 생산적이었네, 단 한 줄도 안 정했으니'라고 하면, 겉으로는 칭찬처럼 보이지만 실제로는 회의의 무의미함을 비꼬는 말이다. 반어는 직설적인 표현보다 강하게 메시지를 전할 수 있지만 잘못 사용하면 오해를 불러 일으킬 수 있으니 조심한다.

비유와 은유는 글에 온기를 주고, 반어는 글에 날을 세운다. 이 방법들을 활용하면 글을 읽는 이로 하여금, 그 상황이 그려지거나, 의미를 곱씹게 되거나, 피식 웃게 되도록 만들 수 있다.

3. 잘 쓰기 위해 피해야 할 것

 좋은 글을 쓰기 위해 '무엇을 더 넣을까'만 고민해서는 안 된다. 글을 썼다면 '무엇을 빼야 할까'와 '어떻게 수정할까'를 생각해야 한다. 좋은 소재와 구조, 표현을 갖추었더라도, 문장 속에 불필요한 표현이나 어색한 문법이 남아 있으면 독자의 집중은 금방 흐트러진다. 글의 완성도는 더하기보다 빼기에 달려 있다.

주어와 술어의 부조화

 글을 읽다 보면 문장은 맞는 것 같은데 어딘가 어색한 경우가 있다. 그 원인 중 대표적인 것이 주어와 술어의 호응 문제다. 처음 글을 쓸 때는 머릿속에 있는 생각을 급히 옮기다 보니, 주어와 술어가 맞지 않는 경우가 자주 생긴다. 주어는 문장에서 '누가'와 '무엇'에 해당하고, 술어는 그 주어의 상태나 동작을 설명한다. 주어와 술어가 의미적으로나 문법적으로 어울리지 않으면 문장을 다시 읽어야 하고 흐름이 끊긴다.

'이 영화의 장점은 배우들의 연기력과 감동적인 스토리가 뛰어나다'라는 문장은 어색하다. '이 영화의 장점'이라는 주어와 '뛰어나다'라는 술어가 호응하지 않는다. 이 문장은 '이 영화의 장점은 배우들의 연기력과 감동적인 스토리이다'라고 바꾸어 장점이라는 명사에 연기력과 스토리라는 명사로 연결하거나, '이 영화는 배우들의 연기력이 뛰어나고 스토리가 감동적이다'처럼 동사와 형용사로 풀어서 쓸 수도 있다.

또 다른 예로 '이 보고서의 문제점은 데이터가 부족하고 분석이 부정확하다'라는 문장이 있다. 부드럽게 바꾸려면 명사를 동사나 형용사로 풀어 쓴다. '이 보고서는 데이터가 부족하고 분석이 부정확하다는 문제가 있다'라고 바꾸면 훨씬 자연스럽다.

주어와 술어가 맞지 않으면 문장이 매끄럽게 읽히지 않고, 독자는 의미를 파악하기 위해 다시 읽어야 한다. 쓰고 난 글을 퇴고할 때는 주어와 술어가 자연스럽게 이어지는지 꼭 확인해야 한다.

불필요한 반복어

글을 쓰다 보면 자신도 모르게 같은 단어를 여러 번 쓰게 된다. 특히 각자의 어휘 습관이나 생각의 흐름이 강하게 반영될 때 이런 현상이 나타난다. 문제는 한 단락 안에서, 심지어 한 문장 안에서 같은 단어가 반복되면 글이 지루해지고 힘이 빠진다는 점이다.

'그 회의에서 그는 많은 사람들 앞에서 많은 이야기를 많이 했다'라는 문장은 '많다'라는 표현이 세 번이나 반복되면서 독자로 하여금 갸우뚱하게 만든다. 이것은 '그 회의에서 그는 여러 사람들 앞에서 다양한 이야기를 길게 이어 갔다'처럼 어휘를 다양하게 바꾸어 주면 훨씬 부드럽고 풍성하게 들린다.

반복어 문제는 작가의 습관에서 비롯되는 경우가 많다. 어떤 사람은 '정말', '사실은', '솔직히'와 같은 부사를 자주 사용하고, 또 어떤 사람은 '생각하다', '보다', '하다'와 같은 동사를 무의식적으로 반복한다.

처음 글을 쓸 때는 이런 습관을 완전히 없애기 어렵다. 하지만 내가 쓴 글을 다시 읽으며 같은 단어나 표현을 반복하고 있는지 표시하고 동의어나 구체적인 다른 표현으로 바꾸어 주는 과정을 거치면 글의 질이 올라간다.

군더더기 표현

군더더기 표현은 문장의 의미를 전달하는 데 꼭 필요하지 않은 불필요한 단어나 구절을 말한다. 자신의 생각을 잘 설명하려는 마음에 문장을 길게 늘어뜨리게 된다. 수식어나 부사, 관용구를 과도하게 붙이게 되기도 한다. 문장을 길게 만들어야 더 설득력 있어 보인다고 착각한다.

하지만 이런 군더더기는 글을 장황하게 만들고 핵심에서 벗어나게 한다. 불필요한 단어와 중복된 의미는 문장을 무겁게 만들고 독자의 집중을 흐린다. 군더더기를 줄이면 문장은 가벼워지고 의미가 또렷해진다.

'저는 개인적으로 이 계획이 마음에 듭니다'라는 표현보다 '저는 이 계획이 마음에 듭니다'가 옳다. '개인적으로'라는 말은 이미 '저는'이라는 주어에서 드러났다.

또 다른 예로 '그 일은 예상했던 것보다 훨씬 더 빨리 끝났다'라는 문장이 있다. 이 문장은 '그 일은 예상보다 빨리 끝났다'라고 바꿀 수 있다.

군더더기 표현을 없애는 방법은 앞서 계속 강조했던 '소리 내어 읽어 보는 것'이다. 불필요하게 걸리는 단어가 있다면 과감하게 지우고 고친다. 그러면 글이 훨씬 매끄럽게 읽히고 독자는 의미를 명확하고 온전하게 받아들일 수 있다.

4. 글을 완성하는 과정

 글은 한 번에 완성되지 않는다. 처음 써 내려간 문장은 다듬지 않은 원석과 같다. 원석이 빛나는 보석이 되려면 여러 번 손질과 연마가 필요하듯, 글도 초안 작성, 퇴고, 삭제, 마지막 점검 과정을 거쳐야 한다. 이 과정에서 문장의 결이 고르게 다듬어지고, 불필요한 부분을 지운다.
 그로써 전하고자 하는 메시지가 더 뚜렷해진다. 글을 처음 쓰면 초안에서부터 완벽한 문장을 만들려고 애쓰다 흐름을 잃고, 용기도 잃는다. 그러나 글은 처음부터 완벽해야 하는 것이 아니라, 여러 번 다시 보며 완성되어야 한다.

초안, 자유로운 흐름 따라

 초안을 쓸 때는 완벽함을 내려놓아야 한다. 문장을 다듬느라 멈추고, 단어를 고르느라 시간을 허비하면 생각의 흐름이 끊긴다. 글을 쓰는 첫 단계에서는 맞춤법, 표현, 문장의 길이보다는 아이디어와 이야기의 흐름이 훨씬 중요하다. 달리기 선수는 처음부터 완벽한 자세로 달리라고 하는 것보다 결승선까지 달리는 것이 목표다. 글도 끝까지 써 내려가는 것이 우선이다.

초안은 글의 뼈대를 만드는 작업이다. 이 단계에서는 잘못된 문장, 어색한 표현, 중복된 단어를 두려워할 필요가 없다. 오히려 '틀려도 좋다'라는 마음으로 자유롭게 써야 한다. 쓰다가 불필요한 문장이라는 생각이 들더라도 삭제하지 말고 그대로 두는 것이 더 낫다. 나중에 읽어보면, 그 문장이 문맥에 맞지 않아 수정하더라도, 예상치 못한 좋은 아이디어로 발전할 수도 있기 때문이다.

글 전체를 한 호흡에 써 내려가는 것이 좋다. 중간에 멈추면 그 글이 가진 에너지와 리듬이 끊기고, 다시 쓰려고 앉았을 때는 처음의 영감을 되살리기 어렵다. '일단 쓰고 나중에 고친다'는 글을 완성하는 중요한 원칙이다.

퇴고의 4단계

퇴고는 맞춤법만 바로잡는 작업이 아니라 글 전반을 다듬는 일이다. 내가 하고 싶은 말을 썼다면, 이제는 독자가 이해하고 받아들일 수 있는 말로 바꾸는 과정이다.

첫 번째, 거리두기 단계이다. 초안을 쓰고 나면 그 내용이 머릿속에 가득 차 있기 때문에, 문장의 결함이나 흐름의 문제 등을 발견하기 어렵다. 하루나 이틀, 가능하다면 더 길게 시간을 두고 원고를 다시 보면, 남의 글을 읽는 듯한 시선으로 볼 수 있다. 잠깐의 거리가 객관성을 가지고 글을 고칠 수 있는 시선을 만든다.

두 번째, 큰 그림을 점검한다. 문장보다 먼저 구조를 본다. 글의 흐름이 논리적으로 이어지는지, 문단의 순서가 적절한지, 앞뒤 내용이 잘 맞물리는지를 확인한다. 문단 위치나 구조를 변경하는 것만으로도 글에 설득력이 생기고 읽기 쉬워진다.

세 번째, 독자 입장에서 질문하며 본다. 이 글을 처음 읽는 사람의 입장에서, 각 문단마다 '이 대목에서 내가 궁금한 것은 무엇일까?'를 스스로 물어보며 읽는다. 내가 쓴 글을 읽으며 질문이 생겼는데, 글 안에 답이 없다면 보충한다. 이미 충분히 설명한 내용을 다시 반복해서 지루하다면 과감히 덜어 낸다.

마지막으로, 소리 내어 읽어 보며 리듬감을 살핀다. 글을 소리 내어 읽으면 눈으로만 볼 때는 느끼지 못했던 부자연스러운 호흡이 드러난다. 숨이 차서 한 번에 읽히지 않는 긴 문장은 둘로 나누고, 문장이 지나치게 짧아 끊기는 느낌이 들면 이어 준다. 말하듯이 쓰는 리듬을 만들면 읽기 편안하다.

마지막 손질, 세밀하게

　퇴고과정을 통해 글의 큰 줄기와 세부 내용이 모두 자리 잡았다면, 이제는 마지막 손질의 과정이 남았다. 이 과정에서는 틀을 고치는 것이 아니라, 디테일 즉 한 끗을 살피는 것이다.

　첫째, 문장 리듬과 어휘를 정교하게 다듬는다. 단어 하나를 바꾸는 것만으로도 글의 결이 달라진다. 소설가 김훈은 『칼의 노래』 첫 문장, '버려진 섬마다 꽃이 피었다'를 두고 '꽃은'으로 쓸지, '꽃이'로 쓸지 담배 한 갑을 다 피우며 고심했다고 한다. 조사 하나를 가지고 리듬과 울림을 시험한 끝에 지금의 문장이 완성된 것이다. 좋은 문장은 마지막까지 어휘와 호흡을 정교하게 다듬는 집요함에서 나온다.

　둘째, 제목과 소제목을 점검한다. 제목은 독자가 글을 읽기 전 처음으로 마주하는 얼굴이다. 내용과 잘 어울리면서도 호기심을 자극해야 한다. 소제목은 글의 흐름을 따라가도록 돕는 안내판이므로, 각 단락의 핵심을 담아내야 한다.

　셋째, 글머리와 결말의 톤을 맞춘다. 글은 처음과 끝이 서로 마주 보듯 연결되어야 한다. 서두를 가볍게 시작했다면 결말도 가벼운 울림으로 마무리하는 것이 좋고, 서두가 진지했다면 결말 역시 무게감 있게 끝내야 한다. 글의 앞과 뒤가 서로 다른 결을 가지면 글이 덜 완성된 느낌을 준다.

　좋은 글은 세심한 손질에서 완성된다. 흔히 '악마는 디테일에 있다'고 말한다. 이 말은 사소해 보이는 부분일수록 함정이 숨어 있고, 동시에 그 사소한 차이가 완성도를 결정한다는 뜻이다. 글쓰기의 마지막 단계는 화려한 장식을 더 붙이는 일이 아니라, 불필요한 것을 덜어 내고 꼭 필요한 디테일이 제자리에 놓였는지 확인하는 일이다.

5. 설득과 감동을 만드는 힘

우리는 글을 통해 누군가를 설득하고, 또 감동시키기를 바란다. 내 문장이 흘러가 버리지 않고, 마음 속에 남아 어떤 움직임을 일으키기를 원한다. 이는 글뿐 아니라 말, 행동 등 인간의 모든 행위에서도 마찬가지이다. 그 힘은 어디에서 비롯될까? 2300년 전 고대 그리스 학자 아리스토텔레스는 이미 이 질문에 답하며 사람을 움직이는 설득의 방식을 세 가지로 정리했다.

로고스(Logos), 이성의 힘

사람은 이야기를 들을 때 두 가지 생각을 동시에 한다. 하나는 '정말 그럴까?'라는 의심이고, 다른 한 가지는 '맞아. 왠지 맞는 것 같아'라는 공감이다. 글쓰기에서 필요한 로고스는 이 둘 중 첫번째 질문에 답하는 것이다. 독자가 고개를 갸웃거리며 던지는 '왜?'라는 물음 앞에서 흔들리지 않고 설명할 수 있는 근거이다.

 논리를 세우는 데 중요한 것은 근거다. 그런데 근거라고 해서 다 같은 힘을 발휘하는 것은 아니다. 설득력 있는 근거가 되려면 어떤 특성을 지녀야 할까?

 첫째, 근거는 말하고자 하는 주장과 직접 이어져야 한다. 다이어트를 해야 한다고 권하면서 '요즘 날씨가 더워서…'라고 말한다면 주장과 근거의 관련성이 떨어진다. 하지만 '매일 30분 걷기만 해도 고혈압, 당뇨병 위험이 적어진다'라고 말하는 것은 주장과 곧바로 연결된다. 정보를 받아들이는 사람은 주장과 근거가 얼마나 맞닿아 있는지를 직감으로 판단한다.

 둘째, 근거가 믿을 만해야 한다. '~한다더라' 같은 말은 신뢰성을 얻기 어렵다. 근거가 부족한 소문이나 추측을 마치 사실처럼 전달하거나 그런 소문을 의도적으로 퍼트리기 위한 행위, 추측성으로 만들어진 억측 또는 소문을 '카더라 통신'이라고 부른다. '어디서 들었는데, 그렇다더라'라는 식으로 말하는 소위 카더라 통신은 글 전체를 의심하게 만든다. 대신 공신력 있는 기관의 조사나 직접경험에서 나온 사실은 독자의 신뢰를 끌어낸다. 예를 들어 'WHO 보고서에 따르면~'이라는 문장은 단순한 추측보다 훨씬 무게감을 가진다.

 셋째, 근거는 설득하기에 충분해야 한다. 이는 가능한 많은 사람에게 두루 통하는 이야기여야 한다는 뜻이다. 한두 명의 경험이나, 특정 상황에만 해당되는 근거는 힘이 약하다. '내 친구는 이 다이어트법으로 살이 빠졌다'라는 말은 너무 제한적이어서 쉽게 반박될 수 있다. 하지만 '100명을 대상으로 한 실험에서 70%가 체중 감량 효과를 보았다'라고 한다면 훨씬 신뢰할 만하다. 단편적인 근거보다 넓은 근거가 신뢰할 만하다.

넷째, 근거는 구체적일수록 힘이 생긴다. 막연한 말은 쉽게 흘려듣지만 구체적인 말은 머릿속에 그림을 그리게 한다. '운동이 건강에 좋다'라는 말은 맞지만 막연하다. '하루 30분 걷기를 3개월동안 하면 혈압이 평균 10 정도 낮아진다'라고 말한다면 읽는 이는 동네 산책로를 30분씩 3개월을 걷고 있는 자신의 모습을 상상하고 있을 것이다. 글에서 근거를 제시할 때는 숫자, 구체적인 사례, 시간 등을 구체적 요소를 담는 것이 좋다.

파토스(Pathos), 감정의 울림

사람은 머리로만 움직이지 않는다. 어떤 주장이 아무리 논리적으로 타당하더라도, 마음을 울리지 못하면 행동으로 이어지기 어렵다. 파토스가 필요한 시점이다. 파토스란 글 속에 감정을 불어넣어 독자가 공감하고 마음을 열도록 만드는 힘이다. 이성의 논리인 로고스가 글의 뼈대라면, 파토스는 그 뼈대를 따라 흐르는 따뜻한 피와 같다.

파토스를 통해 독자는 글을 자기 일처럼 느끼고, 단순한 정보 전달을 넘어 감동을 느낀다. '노인 빈곤율이 40%를 넘었다. 이는 OECD 회원국 중 가장 높다'라는 문장은 설득력이 높고 심각성을 강조하지만 오래 기억에 남지 않는다. 그러나 '한 노인이 전기세를 아끼려고 겨울에도 난방을 켜지 못한다'라는 구체적인 이야기는 오래 기억된다.

로고스가 머리를 설득한다면 파토스는 마음을 설득한다. 좋은 파토스의 조건은 무엇일까?

첫째, 공감할 수 있어야 한다. 파토스는 독자가 자신의 경험과 겹쳐 볼 수 있을 때 힘을 가진다. 너무 특별하거나 낯선 상황보다는, 누구나 이해할 수 있는 장면이 감정을 불러일으킨다. 일상에서 접할 수 있는 작은 사례나, '저건 나도 겪어 봤어'라고 느낄 수 있는 것이 효과적이다.

둘째, 적절해야 한다. 감정은 과하거나 억지로 끌어올리면 역효과가 난다. 지나친 눈물이나 과도한 감상은 독자를 설득하기보다 부담을 준다. 글에 감정을 담을 때는 주제를 더 분명히 드러내는 데 필요한 만큼만 사용하는 것이 좋다.

셋째, 균형이 있어야 한다. 파토스는 로고스와 함께할 때 가장 큰 힘을 발휘한다. 감정만 강조하면 글은 가볍게 느껴지고, 논리만 강조하면 딱딱해진다. '코피를 흘리며 고통스러워하는 바다거북의 코 속에서 꺼낸 물체는 다름아닌 플라스틱 빨대였다'라는 설명과 '전 세계 플라스틱 쓰레기 40%가 일회용 제품에서 나온다'라는 통계를 함께 제시할 때 독자는 머리와 가슴을 동시에 움직인다.

파토스는 글을 읽는 이의 마음을 열어 주는 열쇠이다. 이성으로 고개를 끄덕이게 했다면, 감정적으로 가슴을 흔들어야 글이 감동을 준다. 파토스는 글을 공감하게 하고, 적절하게 글의 논리와 균형을 이룬다. 이 조건에 맞는 글은 사실을 전달하는 데서 그치지 않고, 독자의 기억 속에 오래 머문다.

에토스(Ethos), 신뢰의 기초

아무리 논리와 감정이 잘 갖춰져 있어도, 글쓴이가 신뢰를 주지 못하면 글은 힘을 잃는다. 독자는 글 속에서 보이지 않는 글쓴이의 얼굴을 찾는다. '이 사람이 하는 말이 믿을 만한가?'라는 질문에 YES를 얻을 때 설득은 완성된다. 에토스는 바로 이 신뢰의 힘, 글쓴이의 인격에서 비롯되는 설득이다. 좋은 에토스의 조건은 무엇일까?

첫째, 진정성이다. 글에 담긴 말이 삶과 동떨어져 있으면 독자는 금세 알아차린다. 글 속에서는 꾸밈이 오래가지 않는다. 화려하게 꾸며 낸 거짓보다, 경험에서 나온 작은 사례 하나가 훨씬 힘이 있다. 실제로 겪은 일, 자신이 지키려 애쓰는 가치, 솔직한 시선은 글을 단단하게 만들고, 독자에게 신뢰를 준다.

둘째, 일관성이다. 신뢰는 한문장으로 쌓이지 않는다. 글 전체와 그 너머에서 쌓인다. 앞에서 한 말과 뒤에서 한 말이 다르면 독자는 쉽게 혼란을 느낀다. 같은 주제에 대해 비슷한 태도를 유지하고, 글의 흐름이 흔들리지 않을 때 믿음을 얻는다. 짧은 글일지라도 일관성은 신뢰의 바탕이 된다.

셋째, 균형감이다. 자기 주장만 고집하면 글은 편협해지고, 다른 시각을 인정할 때 오히려 설득력이 커진다. 모든 반론에 반박하고 꺾으려 하기보다 '그런 관점도 가능하다'라고 여유 있게 받아들이는 태도를 갖는다. 균형 잡힌 목소리는 독자에게 열린 마음을 전한다.

넷째, 전문성이다. 전문성은 학위나 자격증에서만 나오지 않는다. 세월을 들여 꾸준히 탐구해 온 기록, 직접 부딪히며 얻은 능력, 작은 분야라도 깊이 있는 통찰은 모두 전문성이 된다. 부모로서 겪은 실제 경험은 육아 이론서 못지 않은 설득력을 가진다. 글 속에 드러나는 꾸준함과 깊이가 독자에게 신뢰를 더한다.

다섯째, 겸손함이다. 완벽해 보이는 글보다 부족함을 인정하는 글에서 더 큰 신뢰가 생긴다. '나는 늘 성공했다'라는 목소리보다는 '실패를 겪었지만 그 속에서 이런 배움을 얻었다'라는 고백이 훨씬 설득력 있다. 최선을 다하고 스스로의 한계를 인정하는 모습에서 독자는 오히려 안심하며 글을 따라간다.

에토스는 글 속에 감춰진 작가의 인격이다. 그것은 억지로 꾸며 낼 수 없다. 글을 쓰는 태도와 어휘, 방식을 통해 살아가는 방식이 자연스럽게 드러난다. 로고스가 글을 세우고, 파토스가 글에 생명을 불어넣는다면 에토스는 글에 신뢰를 입힌다. 독자는 글의 논리, 이야기, 마지막으로 그 글을 쓴 사람이 어떤 사람인지를 함께 읽는다. 그래서 좋은 글쓰기는 좋은 삶을 살아가려는 마음에서 시작된다.

6장

글쓰기의 지속과 완성

6장에서는 글쓰기를 어떻게 지속적으로 이어 가고, 끝내 완성까지 이를 수 있는지를 이야기하려 한다. 글쓰기를 끝까지 이어 가려면 성장해야 한다. 어제보다 오늘 더 나아졌다는 감각이 있어야 재미를 느끼고 내일도 다시 쓸 수 있다.

그 성장은 습관과 점검에서 온다. 규칙적인 습관은 글의 양을 늘려 주고, 체계적인 점검은 글의 질을 높여 준다. 양과 질이 함께 높아질 때 글쓰기는 지치지 않고, 한 단계씩 올라가는 즐거움이 된다.

1. 규칙적으로, 글쓰기 루틴

글쓰기의 숨은 엔진

글쓰기를 방해하는 가장 큰 벽은 '무엇을 쓸까?'가 아니라 '언제 시작할까?'라는 질문이다. 쓰고 싶은 말이 번뜩 떠오르고, 영감이 와야 글을 쓸 수 있다고 믿지만, 실제로는 아이디어보다 중요한 것이 시간을 확보하는 일이다. 좋은 생각이 떠오르기만을 기다리다 보면 글쓰기는 끝없이 미뤄지고, 결국 '언젠가 쓰겠다'라는 다짐만 남는다. 그래서 글쓰기를 생활 속에 자리 잡게 하는 루틴이 필요하다.

실제로 루틴이 없는 목표는 자주 실패로 끝난다. 글쓰기에만 해당되는 이야기가 아니다. 어떤 사람은 매년마다 영어공부를 하겠다거나 운동을 꾸준히 하겠다고 다짐하지만, 바쁘다는 이유로 몇 주도 못 가 포기한다 그러나 똑같이 바빴던 누군가는 매일 20~30분을 꾸준히 투자해 결국 언어 능력을 키우고, 건강을 관리하며, 원고를 완성한다. 그 차이는 의지나 재능이 아니라, 루틴이 있으냐 없느냐에 달려 있다.

소설가 무라카미 하루키는 매일 새벽 4시에 일어나 글을 썼다. 정해진 시간이 지나면 반드시 멈추었고, 남은 시간에는 운동과 독서를 했다. 그는 '소설 쓰기는 장거리 달리기와 같다'고 말했다. 긴 호흡으로 달리려면 규칙적인 훈련이 필요하듯, 글쓰기도 매일의 반복을 통해서만 이어질 수 있다.

우리는 소설가가 아니므로 꼭 새벽 4시일 필요는 없다. 하지만 하루 중 일정한 시간을 정해 글쓰기를 습관으로 삼는 것은 누구에게나 적용 가능한 원리다.

자신에게 딱 맞는 루틴을 찾는 것도 중요하다. 한 신인 작가는 처음에는 밤에 글을 쓰려고 했다. 하지만 일과 후 피곤함 탓에 늘 집중할 수 없었고, 글쓰기는 번번이 좌절되었다. 그는 방식을 바꾸어 출근 전 아침 30분을 글쓰기 시간으로 정했다. 처음에는 몇 줄밖에 쓰지 못했지만, 반년 뒤에는 200쪽이 넘는 원고를 완성했다. 하루 30분 남짓의 작은 루틴이 한 권의 책을 만들어 낸 것이다. 중요한 것은 시간의 길이가 아니라 꾸준히 이어 갈 수 있는 반복이다.

루틴이 생기면 글쓰기는 한결 수월해진다. '오늘은 뭘 써야 하지?' 하는 불안이나 '잘 써야 하는데…' 하는 부담도 어느새 사라진다. 정해진 시간에, 정해진 장소에서, 정해진 방식대로만 하면 된다. 루틴은 글쓰기를 지속할 힘을 주는 숨은 엔진이며, 작가를 작가답게 만드는 현실적인 도구이다. 루틴이 없는 글쓰기는 매번 결심과 후회를 반복하게 하지만, 루틴이 있는 글쓰기는 차분한 자신감을 준다.

루틴을 만드는 기본 원리

결심만으로 시작한 일은 오래가지 못한다. 그러나 반복되는 틀 속에 두면 꾸준히 이어진다. 마치 처음엔 작은 발자국 하나로 시작되지만 오가는 걸음이 쌓여 길이 되듯이, 글쓰기도 일정한 리듬으로 반복될 때 길이 난다. 그 리듬을 만들어주는 장치가 바로 루틴이다.

글쓰기 루틴의 핵심은 시간, 장소, 방식 이 3가지이다.

우선 **시간**을 정해야 한다. 아침이든 저녁이든, 중요한 것은 '매일 같은 시각에 글을 시작한다'는 것이다. 특정한 시간이 정해지면 몸과 마음은 자동으로 준비된다. 마치 알람이 울리면 눈을 뜨듯, 정해진 시각은 글쓰기를 시작하는 신호가 된다.

둘째는 **장소**다. 꼭 멋진 서재나 고요한 공간이 아니어도 된다. 집의 작은 책상, 동네 카페 구석, 공원 벤치처럼 내가 편안하게 앉아 집중할 수 있는 공간이면 충분하다. 특정 장소가 글쓰기와 연결되면, 그 자리에 앉는 순간 자연스럽게 글쓰기가 시작된다. 공간은 습관의 스위치가 된다.

셋째는 **방식**이다. '매일 한 문단 쓰기', '하루 끝에 세 줄 일기 남기기'처럼 구체적이고 실행 가능한 규칙을 만드는 것이다. 목표는 거창할 필요가 없다. 하루 5분, 한 줄이라도 좋다. 중요한 것은 반복이다. 작은 기록이 쌓이면 내일의 글쓰기가 훨씬 가벼워지고, 그 반복이 이어지면 결국 책 한 권이 완성된다.

많은 작가들이 공통으로 강조하는 것도 결국 이 원리다. '앉아 있는 사람이 끝내 글을 쓴다.' 루틴은 나를 작가로 만들어 주는 최소한의 약속이다. 동시에 그것은 내 삶을 지탱하는 자기 관리의 한 방식이 된다. 오늘도 같은 시간, 같은 자리에서 컴퓨터 앞에 앉는 순간, 글쓰기는 더 이상 막막한 일이 아니라 익숙한 생활의 일부가 된다.

위대한 작가들의 루틴에서 배우기

위대한 작가들도 저마다의 방식으로 루틴을 만들고 지켰다. 그들의 삶을 들여다보면 루틴의 형태는 다양하지만 꾸준함이라는 공통 원칙이 있음을 알 수 있다. 작가들의 사례는 우리 각자가 자신에게 맞는 리듬을 찾는 데 좋은 길잡이가 된다.

새벽을 선택한 작가

어니스트 헤밍웨이는 『노인과 바다』로 퓰리처상과 노벨문학상을 받은 미국 문학의 거장이다. 그는 해가 뜨기 전이 가장 집중력이 높은 시간이라고 믿었다. 그래서 늘 새벽에 일어나 몇 시간 동안 글을 쓴 뒤, 다음 날 이어 갈 문장을 한두 줄 남겨 두었다. 이렇게 하면 다음 날 다시 글을 시작하는 것이 훨씬 수월해지기 때문이었다.

자신만의 조용한 공간을 지킨 작가들

『댈러웨이 부인』, 『등대로』를 남긴 영국의 모더니즘 문학의 대표 작가 버지니아 울프는 아침 시간을 오롯이 글쓰기에 바쳤는데 그녀에게 가장 중요한 것은 방해받지 않는 공간이었다. 『자기만의 방』이라는 책의 제목은 바로 이 철학을 반영한 것이다.

마야 안젤루는 『새장에 갇힌 새가 왜 노래하는지 나는 아네』라는 자전적 작품으로 미국 흑인 여성의 목소리를 세계에 전한 시인이자 사회 운동가였다. 그녀는 집이 주는 안락함이 집중을 흐린다고 여겨, 호텔 방을 빌려 글을 썼다. 그녀는 낯선 환경 속에서 글에 몰입하며 자신만의 리듬을 만들었다.

업무처럼 시간을 지킨 작가들

가브리엘 가르시아 마르케스는 『백년 동안의 고독』으로 라틴 아메리카 문학을 세계 문학으로 발돋움시킨 인물이자, 20세기 세계 문학사의 거장이다. 그는 글쓰기를 철저히 업무로 대했다. 오전 9시부터 오후 3시까지는 반드시 책상에 앉아 글을 쓰는 것을 원칙으로 했다. 영감이 오든 말든, 시간을 채우는 것이 그의 방식이었다.

스티븐 킹은 매일 2000단어를 목표로 삼았다. 스티븐 킹도 역시 영감이 없어도 같은 시간, 같은 자리에 앉아 글을 이어 갔다. 이 습관 덕분에 『샤이닝』, 『미저리』 등 수십 권의 베스트셀러를 냈고 그중에는 영화로 만들어져 큰 성공을 거두기도 하였다. 그는 '글쓰기도 근육이다. 쓰면 쓸수록 강해진다'고 말했다. 핵심은 같은 시간에 쓴 습관이었다.

자신에게 맞는 환경을 선택한 작가

조앤 롤링은 『해리포터』 시리즈의 저자이다. 집에서 집중하기 어려웠던 그녀는 에든버러의 카페에서 글을 썼다. 카페의 작은 테이블에서 시작된 원고는 점차 확장되어, 마법학교, 인물들이 얽히는 방대한 세계관으로 자라났다. 『해리포터』는 소설을 넘어 전세계인의 상상력을 자극했고, 영화, 연극, 게임, 스핀오프 소설 등으로 끝없이 파생되며 하나의 거대한 문화 현상이 되었다. 카페라는 일상의 작은 공간에서 전 세계에 영향을 미친 거대한 이야기가 시작된 것이다.

이처럼 루틴은 정답이 없다. 어떤 이는 고요를, 어떤 이는 소음을, 어떤 이는 낯선 공간을 택했다. 중요한 것은 나에게 맞는 환경과 시간을 발견하고 꾸준히 지켜 내는 것이다.

나만의 루틴 만들기

반드시 새벽에 일어나거나 하루에 2000단어를 써야 하는 것은 아니다. 중요한 것은 내 생활 속에서 지킬 수 있는 최소 단위를 찾는 일이다. 매일 단 5분, 한 문장이라도 기록하면 글쓰기는 어느새 삶의 리듬이 된다. 자신만의 시간, 장소, 방식을 정해 보자.

아침 루틴 : 하루를 시작하며 짧은 문단 하나 쓰기

저녁 루틴 : 잠들기 전 오늘의 하루를 세 줄로 요약하기

주말 루틴 : 한 주의 인상적인 사건을 한 단락으로 적어 보기

2. 체계적으로, (1) 글 점검 체크리스트

한 편의 글은 단숨에 완성되지 않는다. 쓰고, 다듬고, 다시 읽고, 정리하는 과정을 거친다. 그때 도움이 되는 것이 체크리스트이다. 아래 15가지 질문은 글을 단계별로 점검하는 기준이다. 막히거나, 어딘가 허전할 때 하나씩 확인해 보자.

1단계 : 시작하기 전에, 방향을 세우는 질문

글을 시작하기 전, 이 세 가지를 확인해도 방향이 흔들리지 않는다.

- 오늘 왜 이 글을 쓰는가?(목적/독자/상황)
- 이 글은 지금의 나에게 어떤 의미가 있는가?(동기/문제의식)
- 주제가 나의 목소리를 담고 있는가?(관점/경험/근거)

2단계 : 초안 쓰기, 생각을 꺼내는 질문

초안에서는 완성도보다 꺼내기가 우선이다.

  내 주장을 뒷받침하는 구체적 사례가 하나라도 있는가?
  사실과 의견을 구분했는가?(팩트/해석/감정 구분)
  문장은 말하듯 간결하게 썼는가?

3단계 : 다듬기, 글을 정리하는 질문

다듬는 과정은 불필요한 것을 덜어 내는 일이다.

  전체를 최소 한 번 이상 소리 내어 읽으며 수정했는가?
  중복, 군더더기, 과한 수식어를 줄였는가?
  문단과 문장 사이 연결이 물 흐르듯 자연스러운가?

4단계 : 독자 관점, 바깥에서 다시 읽기

읽는 사람을 생각한 글은 전달력이 생긴다.

처음 읽는 사람도 맥락을 따라올 수 있는가?
주제에서 빗나가지 않았는가?
읽는 사람이 '맞아' 혹은 '흥미롭다' 하고 반응할 지점이 있는가?

5단계 : 마무리, 여운을 남기는 질문

마무리는 글을 닫는 순간이지만, 독자의 마음속에 새로운 문을 여는 순간이기도 하다.

마무리가 글의 흐름을 자연스럽게 정리해 주었는가?
말하고자 한 핵심이 독자에게 분명히 전달되었는가?
내가 쓴 결말이 스스로 다시 읽어도 뿌듯한가?

이 체크 리스트는 길을 잃었을 때나, 답답한데 해결책이 보이지 않을 때 활용하면 좋다. 모든 문항에 '예'를 받을 필요는 없다. 두 세가지만 점검해도 글은 눈에 띄게 좋아진다. 완벽을 서두르기보다, 한 계단씩 올라간다는 마음으로 반복해 보자.

3. 체계적으로, (2) 자기 점검 체크리스트

글쓰기는 누구나 시작할 수 있지만, 끝까지 이어 가기란 쉽지 않다. 멈추거나 제자리를 맴도는 경우가 많은 이유는 지금 자신이 글쓰기 여정의 어디쯤 있는지 알지 못하기 때문이다. 초입인지, 한참 길을 걷는 중인지, 새로운 문 앞에 선 것인지 알면 다음 발걸음은 훨씬 분명해진다.

자기 점검 체크리스트는 글쓰기의 성장을 네 단계로 나누어 스스로의 위치를 진단하고 앞으로 길을 내다볼 수 있도록 도와준다.

1단계 : 시작, 글을 습관으로 만들다

글을 쓰기 시작하는 순간, 우리의 정체성은 글을 쓰는 사람이 된다. 이때 필요한 것은 완벽한 글이나 목표가 아니다. 그저 종이에 단어 몇 개를 적고, 마음속 문장을 밖으로 꺼내는 것이 첫걸음이다. 이때는 분량이나 완성도보다 쓰는 습관을 들이는 데 집중해야 한다. 짧은 글이라도 매일 이어 가야 한다.

글쓰기 위한 나만의 고정 시간이나 장소가 있는가?
글쓰기 전, 생각을 정리하는 나만의 루틴이 있는가?
오늘 쓴 한 줄의 글을 스스로 인정하고 뿌듯함을 느끼는가?

2단계 : 몰입, 글을 통해 나를 탐구한다

시간이 지나면 글쓰기가 일상의 일부가 되고, 억지로 펜을 들던 손이 이제는 자연스럽게 움직인다. 이 단계는 글의 길이도 조금씩 늘어나고, 글 속에서 자신의 관심사와 주제가 드러나기 시작한다. 글을 통해 나 자신을 더 깊이 이해하는 과정이다. 글이 삶을 정리하는 도구이자 자기 성찰의 거울이 된다.

글을 쓰며 내 감정이나 생각의 뿌리를 탐색하고 있는가?
글쓰기를 통해 일상의 패턴이나 삶의 방향이 보이는가?
쓰는 과정에서 몰입과 해방감을 동시에 경험하는가?

3단계 : 정체성, 나만의 언어와 관점을 세운다

꾸준히 쓰다 보면, 어느 순간 '이건 내 글이다'라는 느낌이 든다. 문장, 어휘, 전개 방식에서 자신만의 색깔이 드러나기 시작한다. 이 단계에는 흉내 내는 글에서 벗어나 자기만의 언어를 갖추게 된다. 동시에 글의 깊이도 달라진다. 글을 통해 나의 세계관과 정체성을 드러내는 시기이다.

내 글에는 다른 사람과 구별되는 시선이나 관점이 담겨 있는가?
글 속에서 내가 중요하게 여기는 가치나 태도가 드러나는가?
독자가 내 글을 읽고 '이건 당신의 글 같다'라고 말할 수 있는가?

4단계 : 관계, 글을 세상과 연결하다

마지막 단계는 글을 나만의 울타리에서 꺼내 세상과 나누는 시간이다. 누군가에게 닿는 순간, 글은 전혀 다른 힘을 갖는다. 타인의 반응 속에서 글은 확장되고, 글쓰는 사람 역시 성장한다. 이때 중요한 것은 결과가 아니라 관계를 맺는 용기이다.

내 글이 다른 사람에게 작은 영감이나 위로를 주고 있는가?

비판이나 반론을 두려워하지 않고 글을 내놓을 수 있는가?
글을 통해 타인과 연결되고, 새로운 대화를 시작하고 있는가?

이 네 단계의 과정은 글쓰기가 성장하는 사이클이다. 시작하고, 몰입하고, 정체성을 세우고 관계를 확장한다. 누구나 이 과정을 돌고 돌며 글을 성장시킨다. 지금 내가 어디에 서 있는지 확인하고 한 걸음씩 나아가면 된다. 글쓰기는 끝없는 여정이지만 이 로드맵을 돌아보면 조금은 막막함이 사라질 것이다.

4. 글감은 삶 곳곳에 있다

　글을 쓰려 할 때 고민되는 것은 '무엇을 쓸 것인가'이다. 아무리 펜을 들고 앉아도 쓸 이야기가 떠오르지 않는다. 하지만 시선을 조금만 달리 하면, 글감은 이미 우리 곁에 차고 넘친다. 읽은 책, 어제 본 영화, 친구와의 대화, 아침 뉴스 속 사건, 주말의 짧은 여행, 우연히 들은 음악 한 곡까지 모두 글쓰기의 출발점이 될 수 있다. 글을 잘 쓰는 사람과 그렇지 않은 사람의 차이는 특별한 소재를 찾았느냐가 아니라, 평범한 경험을 자기 언어로 엮어 내느냐에 달려 있다.

　따라서 중요한 것은 '쓸 거리를 찾아내야 한다'는 조급함이 아니라, 이미 일상 속에 놓여 있는 풍경을 어떻게 글로 옮길 수 있는지를 아는 것이다. 글감은 멀리 있지 않다. 오히려 너무 가까이 있어서 우리가 무심히 지나칠 뿐이다. 이번 장에서는 독서, 영화와 드라마, 대화와 인터뷰, 뉴스와 시사, 여행과 체험, 음악과 예술 등 여섯 가지 길을 살펴보며 글쓰기의 지평을 넓혀 보고자 한다. 각각의 경험을 글로 옮기는 순간, 우리는 단순한 기록을 넘어 삶을 새롭게 해석하는 자리에 서게 된다.

책에서 발견하는 문장

책은 글쓰기의 가장 오래된 동반자다. 누군가 오랜 시간 동안 고민하고 다듬은 문장은 그 자체로 훌륭한 글쓰기 교재이자 영감의 원천이다. 독서가 글쓰기에 직접적인 도움을 주는 이유는, 좋은 문장을 읽는 순간 우리의 언어 감각이 확장되기 때문이다. 마음에 남는 문장을 발견했을 때, 밑줄을 긋는 데서 멈추지 말고, 왜 이 문장이 나를 붙잡았는지를 기록해 보자. 이때의 짧은 기록이 훗날 글쓰기의 단서가 된다.

실천 방법은 간단하다. 한 권의 책을 읽은 뒤 '오늘의 문장'을 하나 정하는 것이다. 그 문장을 그대로 옮겨 적은 뒤, 그 문장이 내게 던지는 질문을 붙여 본다. '행복은 작은 습관에서 비롯된다'라는 문장을 만났다면, 나의 일상 속 습관 중 어떤 것이 나를 기쁘게 하는지 적어 보는 것이다. 이런 방식은 독서를 단순한 감상에 그치지 않게 하고, 글쓰기로 자연스럽게 이어지게 한다. 결국 독서는 글감을 채우는 풍성한 저장고다.

영화와 드라마 속 서사

영화와 드라마는 이야기의 구조를 배우기에 더없이 좋은 자료가 된다. 두 시간 남짓한 영화 속에는 인물의 욕망, 사건의 전개, 갈등과 해

소의 과정이 모두 압축되어 있다. 우리는 스크린을 보며 흥미진진하게 따라가지만, 그 안에 숨어 있는 것은 글쓰기의 기본 구조인 서사다. 글쓰기를 배우려는 사람이라면 영화를 감상하는 데 그치지 말고, 장면을 어떻게 글로 옮길 수 있을지 상상해 보아야 한다.

한 가지 방법은 인상 깊은 장면을 그대로 묘사해 보는 것이다. 카메라가 포착한 장면을 문장으로 옮기는 과정에서 우리는 보이는 것을 쓰는 훈련을 하게 된다. 또 다른 방법은 결말을 바꿔 보는 것이다. 주인공이 다른 선택을 했다면 이야기가 어떻게 흘러갔을까 상상하는 것으로 새로운 이야기가 태어난다. 이는 글쓰기에 상상력을 더해 주는 중요한 훈련 방법이다. 영화와 드라마는 우리가 이야기를 어떻게 풀어낼지 고민하게 만든다.

대화와 인터뷰

우리는 매일 수많은 대화를 나누지만, 대부분은 흩어지고 사라진다. 그러나 대화 속에는 의외로 많은 글감이 숨어 있다. 누군가 무심코 던진 농담, 갑작스러운 질문, 또는 진지한 고백 한마디가 글쓰기의 씨앗이 된다. 중요한 점은 듣고 흘려 버리지 않고 기록하는 것이다.

인터뷰 역시 마찬가지다. 유명인의 인터뷰를 읽다가 '나는 실패했을 때 가장 많이 배웠다'라는 문장을 만난다면, 그 순간 우리는 자기 삶에

같은 질문을 던질 수 있다. '나 역시 실패를 통해 무엇을 배웠는가?' 바로 그 물음이 글의 주제가 된다. 결국 대화와 인터뷰는 나의 사고를 깨우는 자극제가 된다.

뉴스와 시사 읽기

뉴스는 매일 쏟아지지만, 금세 지나가 버린다. 글을 쓰는 사람은 그 기사를 요약하고, 그 기사가 내 삶과 어떻게 연결되는지를 묻는다.

'환경 문제로 인해 도시 미세먼지가 심각하다'라는 기사를 읽었다면, 그 사실을 메모하는 데서 멈추지 말고 내 경험을 붙여 본다. 내가 사는 동네의 공기는 어떤지, 환경을 위해 내가 할 수 있는 작은 행동은 무엇인지 적어 보는 것이다. 뉴스는 사실을 제공하고, 글은 그 사실을 해석하여 의미로 바꾸는 작업이다.

여행과 체험

여행은 글쓰기 감각을 일깨우는 좋은 기회다. 낯선 도시, 새로운 음식, 우연히 만난 사람은 글로 옮겨질 때 특별해진다. 하지만 꼭 멀리 떠나야 할 필요는 없다. 동네 골목길을 산책하거나, 평소와 다른 길을 걸어 보는 작은 변화만으로도 새로운 글감이 생긴다.

여행과 체험을 글로 남길 때는 감각을 세밀하게 포착하는 것이 중요하다. '아름다웠다'라는 말 대신, 무엇이 어떻게 아름다웠는지 조목조목 짚어 본다. 눈에 들어온 색감, 귀에 닿은 소리, 코끝에 스친 냄새까지 세밀하게 적는 순간 글은 생생해진다.

음악과 예술

음악과 예술은 감정을 자극하고, 언어로 표현하기 힘든 세계를 열어 준다. 하지만 바로 그 지점이 글쓰기의 출발점이 된다. 어떤 음악을 들으며 '이 노래는 겨울 새벽 같다'라고 느꼈다면, 그 감각이 어떤 것인지 한 문장으로 적어 본다. 그림을 감상하면서 '이 인물은 무슨 마음으로 저 자리에 서 있을까?'라는 질문을 던지고 답해 보는 것도 좋다.

글쓰기는 책상 위에서만 이루어지는 행위가 아니다. 우리가 읽는 책, 매체를 통해 보는 장면, 사람들과 나누는 대화, 접하는 뉴스, 떠나는 여행, 듣는 음악 모두가 글의 재료가 된다. 중요한 것은 그것을 자기 언어로 엮어 내는 일이다. 글쓰기는 결국 삶을 담는 그릇이기 때문이다.

글쓰기를 특별한 순간에만 하는 일이 아니라, 매일의 경험을 기록하고 성찰하는 태도로 가져가 보자. 글은 일상을 더 깊이 살게 하고, 일상은 다시 글쓰기를 풍성하게 만든다. 그렇게 글과 삶이 서로를 비추며 확장될 때, 우리는 글을 쓰는 사람이 아니라 글과 함께 성장하는 사람이 된다.

7장

읽고 쓰고 출판하라

독서모임을 하면서 늘 깨닫는 것이 있다. 같은 책을 함께 읽었는데도, 사람마다 전혀 다른 문장을 밑줄 긋고, 다른 부분에서 감명받는다. 해석이 다르니 생각도 다르고, 글로 옮기면 또 전혀 다른 작품이 된다. 그래서 세상에는 수많은 책이 있지만, 단 한 권도 똑같은 책은 존재하지 않는다.

작가는 내가 하는 생각이나 표현을 잘 다듬어서 '제 생각은 이렇습니다' 하고 세상에 내놓는다. 그것이 책이라는 표현의 수단이다. 책이라는 형태로 세상에 내놓은 내 생각과 감정은 누군가에게 영향을 미치고 새로운 관점을 제시한다. 이해의 장(場)을 열어 주는 일이다. 내가 쓴 책을 독자들이 읽으며 독자는 작가에 대해 조금 더 이해하게 된다.

내가 쓴 책이 서로를 이어 주는 다리가 된다. 내 글이 누군가의 마음에 닿아 그 사람의 생각을 바꾸거나, 다른 생각을 가능하게 해 주거나, 스스로를 돌아보게 해 준다면, 책은 단순한 종이 한 장을 넘어서는 힘을 지니게 된다.

삶의 이정표는 많으면 많을수록 유익하다. 타인의 이정표를 보며 그가 걸은 길을 뒤따라간다. 그들의 이정표를 보고 내 뒤를 따라올 사람들을 위해 이정표를 남긴다. 내가 만드는 책이 그 역할을 한다.

1. 읽고 썼다면 해야 할 일

책을 읽고, 글을 쓰면 이제는 출판으로 나아가야 한다. 책을 읽고 얻은 생각과 영감을 글로 풀어내는 것은 그 자체로 가치 있는 일이다. 그에 그치지 않고, 그 글을 세상에 펼치고 공유하는 과정을 거쳐야 한다.

책으로 묶어야 하는 이유

'책을 한 권 쓰면 인생이 달라진다'는 말을 들어 본 적이 있을 것이다. 조금 과장된 표현처럼 보일 수도 있다. 실제로 책을 냈다고 해서 곧바로 베스트셀러 작가가 되거나, 강연가로 변신해 성공을 거두는 경우는 드물다. 그러나 확실한 것은 있다. 책을 쓴 사람들의 삶에는 크든 작든 분명한 변화가 일어난다는 사실이다.

책을 쓰는 일은 단순히 출판이라는 결과를 위한 행동이 아니다. 그것은 자신의 생각과 경험을 글로 정리하는 과정이며, 그 과정에서 우리는 스스로를 더 깊이 이해하고, 생각을 선명하게 다듬는다. 원고를 완성해 가는 동안 생기는 자신감과 목표 의식은 삶 전체에 강력한 영향을 미친다. 그러니 책 출판은 외부의 화려한 성과보다 내면의 성장과 지속적인 학습이라는 점에서 더 큰 의미를 지닌다. 그것이 인생의 새로운 출발점이 된다.

그렇다면, 왜 누구나 책을 써야 할까?

첫째, 삶이 작가의 태도로 변한다.
책을 쓰기 시작하면 일상을 바라보는 눈이 달라진다. 독서도 단순히 정보를 받아들이는 일이 아니라 창작의 재료가 된다. 같은 문장을 읽더라도 '이걸 어떻게 풀어낼까, 어떤 메시지로 이어갈 수 있을까'를 고민하게 된다. 무심히 지나치던 풍경조차 의미 있는 단서가 되고, 그 속에서 글감이 자라난다. 그렇게 작가의 시선으로 살아가면 삶의 모든 순간이 기록이자 배움으로 바뀐다.

삶을 대하는 태도 역시 달라진다. 넘쳐나는 정보 속에서도 필요한 것과 불필요한 것을 구분하는 힘이 생긴다. 해야 할 일과 하지 않아야 할 일을 가려내며 삶의 우선순위를 정리하는 습관이 몸에 밴다. 작가로서의 태도가 곧 삶의 태도가 되고, 이 태도가 쌓여 한결 더 단단한 인생을 만든다.

둘째, 자기 성찰의 시간이 된다.
천 권의 책을 읽는 것보다 한 권의 책을 쓰는 과정이 더 깊은 배움이 된다. 읽는 동안은 스쳐 지나가던 지식도, 쓰는 순간에는 반드시 나만의 언어로 재정리해야 한다. 그 과정에서 배운 것이 체화되고, 몰랐던 빈틈이 드러난다. 책 쓰기는 가장 치열한 공부의 과정이다.

동시에 책 쓰기는 자기와의 대화다. 원고를 붙잡고 씨름하는 시간 속에서 나는 내 생각의 뿌리와 마주하고, 내 마음의 결을 확인한다. 글을 다듬는 과정은 곧 나 자신을 다듬는 과정이 된다. 그래서 책을 쓰는 일은 단순히 완성물을 남기는 작업이 아니라, 자기 자신을 발견하고 성장시키는 여정이다.

셋째, 이름을 남길 수 있다.

'호랑이는 죽어 가죽을 남기고, 사람은 죽어 이름을 남긴다'는 말처럼, 책은 자신의 이름을 세상에 남기는 가장 확실한 방법이다. 책을 낸다고 해서 반드시 유명해져야 하는 것은 아니다. 하지만 내가 쓴 한 권은 서점의 책장 한 칸에, 도서관의 서가 한 줄에, 혹은 인터넷의 기록 속에 오래도록 남는다. 사라지지 않는 흔적이 되어 나의 발자취를 증명한다.

무엇보다 책은 나를 다시 정의하는 도구가 된다. 내가 누구인지 애매할 때도, 내가 쓴 책은 곧 '나는 이런 사람이다'라는 가장 분명한 증거가 된다. 나를 규정하고 동시에 세상에 알리는 과정이 곧 책 쓰기다. 책을 쓰는 사람은 자기 자신을 다시 해석할 수 있고, 그 해석이 삶을 더욱 견고하게 만든다.

넷째, 자기 브랜딩을 완성한다.

한 권의 책은 나 자신을 하나의 브랜드로 세상에 각인시킨다. 사람들은 책을 통해 저자의 목소리를 기억하고, 그 목소리를 저자라는 사람과 연결한다. 명품이 정갈한 포장에 담길 때 가치가 더 인정받듯, 책은 내 안의 지식과 경험을 가장 정제된 형태로 세상에 보여 준다. 책은 나의 생각과 내면을 빛나게 하는 도구가 된다.

이것은 단순히 남의 시선을 의식하기 위한 일이 아니다. 책을 쓰는 과정에서 흩어진 경험은 하나의 맥락으로 정리되고, 전문성과 정체성이 선명해진다. 그래서 '회사원'이라는 소개와 '저자'라는 소개는 호칭의 차이가 아니라 내가 누구인지를 규정하는 힘의 차이다. 책은 나를 지적인 이미지로 보여 줄 뿐 아니라, 내가 어떤 사람인지 알리는 효과적인 방법이다.

다섯째, 나눔의 도구가 된다.

책을 쓰는 가장 중요한 이유 중 하나는, 혼자만 알고 있던 지식과 경험을 세상에 공유하기 위해서다. 내가 넘어지며 얻은 깨달음, 수많은 시행착오 속에서 배운 교훈은 다른 이에게는 길을 잃지 않게 하는 지도가 될 수 있다.

웨인 다이어는 '삶의 척도는 무엇을 쌓았는가가 아니라, 무엇을 주었는가이다'라고 말했다. 책을 쓴다는 것은 바로 이 주는 삶을 실천하는 가장 확실한 방법이다. 내가 얻은 것을 베풀고, 그것을 언어로 정리해 세상에 내어놓을 때 나의 경험이 다른 이에게 힌트가 되고, 그 힌트가 또 다른 사람의 삶을 바꾼다.

여섯째, 타인에게 영감을 준다.

누군가 책을 냈다는 소식은 주변 사람들에게 강한 자극이 된다. '어떻게 썼어? 주제는 어떻게 정했어?'라는 질문이 이어지고, 그 대화 속에서 또 다른 누군가가 용기를 얻는다. 내가 던진 작은 도전이 번져 나가 다른 이의 삶에도 울림을 준다.

내 경험과 생각이 누군가의 마음에 닿아, 그들 역시 자기 이야기를 쓰고 싶어진다면 그것만으로도 충분히 의미 있다. 책을 쓰는 일은 나의 성취를 넘어 타인의 성취를 불러오는 불씨가 된다. 그렇게 내 한 권의 책이 또 다른 책들을 태어나게 하고, 세상에 더 많은 목소리를 불러낸다.

일곱째, 새로운 기회의 문을 연다.

인생 2막을 준비하는 이들에게 책은 강연의 문을 열어 주고, 새로운 커리어의 발판이 된다. 예기치 못한 순간, 책 한 권이 누군가의 눈에 띄어 전혀 새로운 기회를 불러오기도 한다. 책은 언제 어디서든 문을 열 수 있는 열쇠다.

무엇보다도 책을 출판한다는 것은 내 이야기를 세상에 정식으로 내어놓는 일이다. 두려움 때문에 망설이던 마음이, 한 권의 책으로 세상과 마주할 때 새로운 길을 걷게 된다. 인생의 문은 스스로 열어야 하고, 책은 그 문을 두드릴 수 있는 가장 확실한 방법이다.

결국, 책을 쓰는 이유는 다양하지만 본질은 같다. 자신의 이야기를 세상과 나누고 싶다는 마음이다. 많은 사람들이 두려움 때문에 시작조차 못한다. 하지만 글을 내어놓는 순간, 그 두려움은 사라지고 진심은 독자에게 닿는다. 책을 쓴다는 것은 내 인생을 정리하는 동시에, 누군가의 인생에 또 하나의 이정표를 세우는 일이다.

내가 쓴 책을 책장에 꽂는 기쁨

책을 출판한 사람이라면 누구나 아는 특별한 순간이 있다. 바로 내 이름이 새겨진 책을 책장에 꽂는 일이다. 얇고 작은 책이라 해도, 그것은 세상 어디에도 없는 나만의 작품이자 내 삶의 결정체이다. 작가들은 책장에 책이 채워지는 모습을 보며 자신감을 얻고, 또 앞으로 나아갈 힘을 얻는다.

한양대학교 교수이자 다작의 저술가로 활동하는 유영만 교수는 이미 100권이 넘는 책을 집필했다. 그는 자신을 지식생태학자로 부르며, 저술을 멈추지 않는다. 그의 서재 벽 한쪽은 자신이 쓴 책으로 가득하다. 첫 번째 책과 백 번째 책을 나란히 펼쳐 보면, 그 안에는 글쓰기 실력의 변화뿐 아니라 삶의 궤적이 고스란히 담겨 있다. 그는 '책장은 나의 성장과 정체성을 증명하는 기념비'라고 말한다.

이 기쁨은 다작의 작가만 누리는 것이 아니다. 첫 책 한 권을 내는 순간부터 누구나 같은 경험을 할 수 있다. 회사원 시절, 부모가 되었을 때, 창업을 하면서 쓴 책 한 권은 그 시절의 고민과 통찰을 그대로 담는다. 시간이 흘러 다시 그 책을 펼치면, 그 안에는 당시의 내가 있다. 과거와 현재의 내가 대화하고 동시에 미래의 나를 불러내는 과정이다.

책 쓰기의 기쁨은 여기서 끝이 아니다. 내가 쓴 책은 집 안의 책꽂이에만 머무는 것이 아니라 서점의 서가에 꽂히고, 다른 이의 가방 속에 들어가고, 낯선 독자의 손에 건네진다. 내 책을 서점에서 발견했을 때의 벅찬 감정, 누군가 SNS에 내 책을 읽었다는 후기를 올렸을 때의 놀라움은 책을 낸 사람만이 느낄 수 있는 값진 선물이다.

결국 책을 쓴다는 것은 단지 생각을 다른 사람들에게 전달하는 행위에 그치지 않는다. 그것은 나를 더 높은 가치로 끌어올리고, 삶의 순간들을 의미 있게 만드는 강력한 방법이다. 책은 내가 지나온 과정을 보여 주는 지도이자, 앞으로 나아갈 길을 밝히는 등불이다. 결국, 내 책을 책장에 꽂는 기쁨은 곧 나를 세우는 기쁨이고, 글쓰기를 통해 삶이 더욱 풍성하고 값지게 될 것임을 알려 주는 확실한 증거이다.

출판, 어렵지 않다

출판이라고 하면 막연하게 느끼겠지만 알고 보면 간단한 과정이다.

쉽게 말해 저자가 집중해야 할 일은 원고를 쓰는 것이다. 그 외의 업무는 출판사의 도움을 받을 수 있다. 우선 이렇게 단순하게 생각하고 시작해 보자.

『직장인 딱 3개월만 책 쓰기에 미쳐라』에서 이은화 코치는 누구나 책을 쓸 수 있다는 이유를 3가지로 정리한다.

첫째, 출판사에서는 전문가의 검수과정이 거치기 때문에, 맞춤법이나 문장 오류 때문에 겁낼 필요가 없다. 맞춤법 검사기를 활용하고, 출판사의 교정, 교열 과정을 거치면 충분하다. 무엇을 쓸지 방향을 정하고 끝까지 완성하는 일이 중요하다.

둘째, 출판사는 문장의 세련됨보다 주제나 콘텐츠에 더 큰 가치를 둔다. 완벽한 문장을 만들어야 한다는 부담에서 벗어나자. 책 쓰기는 형식에 얽매이지 않고 자신의 생각과 경험을 자유롭게 펼쳐내면 된다. 시장성이 있다면 더욱 좋지만, 설령 그렇지 않더라도 괜찮다. 첫 책은 연습이 될 수 있고, 쓰다 보면 점점 쉬워지고 시장성도 보인다.

셋째, 책을 쓴 사람과 쓰지 않은 사람의 차이는 자신감밖에 없다. 잘 쓰려고 하는 마음의 부담을 버리고 꾸준히 쓰면 된다. 마음을 가볍게 먹고 차근차근 써 내려가면 어느 순간 원고가 완성된다.

2. 출판 프로세스

책을 낸다는 것은 단순히 글을 묶는 일이 아니다. 한 사람의 목소리가 '작가'라는 이름을 얻게 되는 일이며, 세상과 더 깊이 연결되는 통로를 여는 작업이다. 이를 가능하게 만드는 실전 출판 프로세스에 대해 알아보자.

출판을 하려면 어떻게 진행되는지에 대한 전반적인 과정을 알아보자. 크게는 출판 방식 선정, 출판기획서 작성, 출판사 투고, 계약, 디자인, 인쇄로 보면 된다. 물론 원고가 완성되었다는 가정이다. 필요한 것은 방향과 정보, 그리고 약간의 용기다. 내가 쓴 글을 책으로 바꾸는 방법이다.

출판 방식 선정

책을 출판하는 방법은 생각보다 다양하다. 크게 나누면 자비출판과 기획출판이 있고, 여기에 POD 출판, 디지털 출판, 반기획출판 등이 더 있다. 각각에 특징과 장단점을 이해하고 자신에게 맞는 길을 고르는 것이 중요하다.

첫 번째는 자비출판이다. 저자가 모든 비용을 부담하고, 출판사를 통해 책을 내는 방식이다. 한국에는 여러 자비출판사가 있으며, 원고와 디자인 방향을 제출하면 나머지 과정은 출판사가 맡는다. 교정과 교열, 표지 디자인까지 도와주기 때문에 오탈자나 편집을 크게 걱정하지 않아도 된다. 다만 홍보와 마케팅은 약한 편이라 책이 독자에게 직접 노출되기는 쉽지 않다. 인세는 상대적으로 높게 책정된다.

자비출판 중에서도 1인 독립출판이라는 선택지가 있다. 출판사를 통하지 않고 저자가 직접 편집, 디자인, 인쇄, 유통을 모두 관리하는 방식이다. 인쇄 종이를 고르고, 제작 과정을 검수하며, 보관과 배송까지 신경 써야 한다. 수고로움은 크지만 모든 과정을 스스로 책임지고 통제할 수 있다는 장점이 있다. 하지만 일회성으로 출판하고자 한다면 오히려 업체에 맡기는 것이 더 빠르고, 경제적일 수 있다.

두 번째는 기획출판이다. 출판사와 협력해 책을 기획하고 제작하는 방식으로 저자가 가진 원고를 출판사가 다듬거나 아예 기획 단계부터 함께 설계하기도 한다. 출판사는 시장성과 트렌드에 맞춰 전문적으로 제작하기 때문에 품질과 홍보 측면에서 유리하다. 하지만 저자의 의견이 전부 반영되기는 어렵고, 인세율도 보통 8~10% 수준으로 낮다. 첫 책을 쓰는 초보 저자에게는 다소 진입장벽이 있을 수 있다.

세 번째는 POD 출판이다. 주문형 출판(Publish On Demand)으로 주문이 들어올 때마다 인쇄하는 방식이다. 재고 부담이 없고, 초기 비용이 적게 든다. 전자책과 결합해 활용되는 경우가 많다. 다만 주문 후 제작이 시작되므로 배송까지 시간이 다소 걸린다는 단점이 있다. 그럼에도 불구하고 저자가 저비용으로 책을 출판하는 방법 중 하나이다.

네 번째는 디지털 출판이다. 전자책 형태로 플랫폼을 통해 배급하는 방식이다. 한 번 제작하면 추가 비용이 거의 들지 않고, 스마트폰과 전자책 리더기 보급으로 수요도 꾸준하다. 자비출판과 결합해 저자가 직접 제작하고 판매하는 경우도 많다. 최근에는 종이책과 전자책을 함께 제작하는 것이 일반적이다.

다섯 번째는 반기획출판이다. 자비출판과 기획출판의 중간 형태로, 출판사와 비용을 분담하는 방식이다. 저자가 일부 인쇄비이자 마케팅

비용을 부담하는 대신 출판사의 기획력과 유통망을 활용할 수 있다. 창작의 자유와 출판사의 전문성을 동시에 누릴 수 있다는 점에서 장점이 있다.

출판 방식에는 정해진 정답이 없다. 자신의 상황과 목적을 따라 선택하면 된다. 인지도가 있거나 시장성이 뚜렷하다면 기획출판을 시도해도 좋고, 처음이라면 자비출판이다 POD 출판으로 가볍게 경험해 보는 것도 방법이다. 중요한 것은 완벽한 방식이 아니라 무엇이 되었든 내 이야기를 세상에 내보내는 첫걸음을 떼는 일이다.

출판기획서 작성

기획출판사에 원고를 투고하려면 출판기획서가 필요하다. 출판기획서란 내 책이 어떤 기획 의도에서 출발했으며, 어떤 가치를 담고 있는지를 소개하는 문서이다. 쉽게 말해, 회사에 입사 지원서를 내듯 출판사에 나의 책을 지원하여 평가받는 일이다.

자비출판의 경우에는 기획서가 필요 없다. 바로 계약을 맺고 제작을 진행하면 된다. 하지만 기획출판은 출판사가 비용과 인력을 모두 투자하기 때문에 신중할 수밖에 없다. 따라서 기획서를 거짓으로 쓰거나 허황되게 과장해서는 안 된다. 글과 원고에서 금세 드러나고, 신뢰를 잃는다.

 출판기획서의 형식은 정해져 있지 않다. 인터넷에 공개된 양식을 참고하면 되고, 대부분 비슷한 구조를 가진다. 중요한 것은 형식보다 내용이다.

 먼저 기획 의도를 적는다. 왜 이 책을 써야 하는지, 어떤 문제의식에서 시작했는지를 간결하게 설명한다. 결국 '왜(Why?) 이 책이어야 하는가'가 가장 중요한 질문이다. 사람들이 반드시 이 책을 읽어야 하는 이유, 그리고 출판사가 출판해야 하는 이유를 명확히 보여 주어야 한다.

 다음은 타깃 독자층이다. 출판사마다 강점이 있는 분야가 다르기 때문에 독자층이 맞지 않으면 기획서는 열어 보지도 않는다. 경제, 경영을 주로 다루는 출판사에 아동교육 원고를 투고할 수는 없다. 독자층을 설정할 때는 가능한 한 구체적으로, '이 책은 누구를 위한 것인지?'라는 질문에 답해야 한다.

 이어 독자에게 주는 가치를 설명한다. 이 책을 통해 독자가 얻게 될 실질적인 도움이나 변화는 무엇인가? 왜 써야 하는지와 직결되는 부분이다.
 예를 들어, 이 책을 문해력이 떨어지는 시대에 글쓰기 능력을 회복시

키고, 누구나 자신만의 책을 남길 수 있도록 안내한다. 독자는 책을 쓰는 과정에서 자신을 다듬고 정체성을 세워 가는 경험을 하게 된다. 그것이 이 책의 가치이다.

또 유사 도서 분석이 필요하다. 이미 시중에는 글쓰기를 다룬 책이 많다. 예컨대 박종인 작가의 『기자의 글쓰기』, 유시민 작가의 『글쓰기 특강』 등이 있다. 내 책이 이들과 어떻게 다른지를 보여 주어야 한다. 이 책은 '작가가 아닌 누구라도 글을 쓸 수 있다'라는 메시지를 강조함으로써 차별성을 갖는다.

다음으로, 목차와 전체 구성을 제시한다. 각 장의 제목과 간단한 설명을 통해 어떤 내용을 다루는지 보여 준다. 구조가 논리적이고 맥락이 분명해야 하며, 독창성이 드러나야 한다.

가능하다면 원고 샘플을 첨부하는 것도 좋다. 더불어 저자 소개를 함께 넣는다. 유튜브 활동이나 강연 등 대외적 이력이 있으면 장점이 되지만, 그렇지 않다고 해서 불리하지는 않다. 결국 출판사는 기획과 원고의 힘을 본다.

이처럼 출판기획서를 작성해 출판사에 투고하면 된다. 좋은 책이라는 막연한 표현이 아니라 필요한 책이라는 인상을 주는 것이다. 출판사가 확신을 가질 수 있도록 이 책이 팔릴 수 있는 근거와 설득력을 담아야 한다.

출판사 투고

출판사에 투고하는 일은 생각보다 쉽지 않다. 내가 쓰고자 하는 방향과 출판사의 성향이 맞아야 하기 때문이다. 이를 위해 평소 책을 읽으며 출판사를 눈여겨보는 습관이 필요하다. 관심 있는 분야의 책을 고를 때 어떤 출판사가 자주 등장하는지, 또 어떤 출판사가 책을 정성스럽게 만드는지를 살펴보면 좋다.

책의 첫 장이나 마지막 장에 있는 판권지를 확인하는 것도 방법이다. 판권지에는 지은이, 편집자, 출판사 정보뿐 아니라 투고용 이메일이 기재되어 있는 경우가 많다. 이를 사진으로 기록해 두면 실제 투고할 때 유용하게 활용할 수 있다. 원고 심사가 길어지면 한 달 이상 걸리기도 하므로 여러 곳에 투고하고 기다리는 것이 현명하다.

가장 값진 투자

만약 출판사에서 연락이 와 계약을 맺게 되거나, 자비출판사와 계약을 진행하게 되면 이제 절반은 마무리된 셈이다. 원고의 검토가 끝나면 이후는 포장과 완성의 시간이다.

인세 구조는 출판 방식에 따라 크게 다르다. 자비출판은 인세율이 높지만, 기획출판의 경우 보통 8~10% 수준이다. 예를 들어 정가 17000원의 책이 1000권 판매되면 약 170만원이 인세다. 베스트셀러라 불리는 기준이 연간 1만 부 이상인데, 이 경우에도 인세는 1700만 원 정도다. 생각보다 크지 않은 금액에 실망할 수 있지만 이것이 현실이다. 실제 대부분의 책은 1년에 1000부도 판매되지 않는다. 자비출판은 보통 500부 정도를 인쇄하며, 한달에 1000부 이상이 판매되어야 비로소 베스트셀러라 불린다. 책 한 권으로 큰 수익을 내기는 어렵다.

그럼에도 불구하고 책의 가치는 돈으로 환산할 수 없다. 한 권의 책은 내 삶의 이정표이자, 변하지 않는 표지판이 된다. 언젠가 내 아이가, 내 제자가, 아니면 전혀 알지 못하는 누군가가 그 책을 펼쳐 읽을 것이다. 그 순간 내 생각과 고민은 시간을 건너 새로운 독자와 만난다. 책은 그렇게 나 대신 오래 살아남는다.

또한 책을 내는 순간 작가라는 새로운 이름을 얻고 그 이름에 걸맞은 창작자로서의 새 삶을 살아갈 기회를 얻는다. 경제적 성과보다 더 오래 남는 가치들이 생기는 것이다.

돈을 벌기 위해 책을 쓰는 사람은 오래가지 못한다. 하지만 자신의 삶을 기록하고, 자신을 성장시키며, 다른 이에게 작은 울림을 남기기 위해 책을 쓰는 사람은 멈추지 않는다. 그렇기 때문에 출판은 현실적으로는 경제적 보상이 생각보다 적을 수 있지만, 인생 전체로 보면 가장 값진 투자이다. 한 권의 책을 낸 사람은 더 이상 과거와 같은 자신이 아니다. 글을 통해 자신을 가다듬었고, 책을 통해 자신과 세상을 연결했다.

실전 출판 가이드

책을 만들려면 무엇보다 원고가 먼저 완성되어야 한다. 초안은 빠르게 작성하고, 퇴고 작업에 충분한 시간을 들여야 한다. 원고가 정리되면 제목을 붙인다.

원고가 준비되면 출판 방식을 선택해야 한다. 어떤 방식으로 할지에 대해 고민해 보자. 빠르게 내 방식대로 진행하고 싶다면 자비출판이 좋은 선택이 될 수 있다. 일정 비용이 들지만, 그것을 투자라 생각한다면 충분히 감당할 만하다. 책을 내는 목적은 판매 부수보다, 내가 왜 이 책을 써야 하는지라는 이유가 더 크기 때문이다.

처음에는 기획출판사에 투고하는 시도를 해 보자. 당장 성과가 없더라도, 그 경험 자체가 의미 있는 과정이 된다. 유명 출판사에도 주저하지 말고 원고를 보내 보자. 집에 있는 책들의 판권지를 확인하면 투고용 메일 주소를 찾을 수 있다. 기다리는 동안 다시 원고를 점검하고 발전시킬 수 있는 기회로 삼자. 만약 출판사에서 답변이 없거나, 원고가 반려된다면 그 이유를 고민해 본다. 원고가 주제가 시장과 맞지 않거나, 글의 완성도가 부족할 수 있다. 이럴 때는 방향을 조정하거나 원고를 보완한 뒤, 자비출판이나 반기획출판으로 전환하는 것도 방법이다.

자비출판을 선택했다면 출판사와 계약을 맺어야 한다. 여러 출판사를 비교하며 꾸준히 책을 내는 곳, 마음에 드는 곳과 진행하면 된다. 이때 팁을 주자면 교보문고에 접속하여 출판사 명을 검색한 다음 책을 얼마나 출판했는지 살펴보면, 어느 출판사가 주기적으로 출판하고 있는지 볼 수 있다. 또한 표지의 스타일은 어떤지, 어떤 분야의 책을 주로 다루는지도 엿볼 수 있으니 참고하자.

계약을 진행하면 검수 과정에 들어간다. 책을 가장 잘 아는 사람은 저자 자신이다. 출판사에서 교정, 교열을 하지만, 놓칠 수 있으므로 최종 점검을 반드시 직접 해야 한다. 맞춤법은 물론 문장의 흐름, 내용의 일관성까지 세밀하게 확인하자. 출판된 뒤에는 돌이킬 수 없으니 검수 단계에서 최선을 다해야 한다.

표지도 중요한 요소이다. 표지가 마음에 들지 않으면 독자의 손이 가지 않는다. 베스트셀러들의 표지를 살펴보며 방향을 참고하고, 여러 사람의 의견을 받아 보자. 나와 다른 시각을 가진 사람들에게 물어보는 것이 더 도움이 된다. 표지는 창의성과 실용성의 균형이 중요하다. 책의 핵심 메시지를 시각적으로 잘 담아내야 한다.

책이 완성되면 ISBN을 등록한다. 국제표준도서번호(International Standard Book Number)는 책의 고유번호로, 출판국, 출판사, 도서 형식을 식별한다. 출판사에서 신청하지만 저자도 그 의미를 알고 있어야 한다. 보통 13자리 번호로 구성되며, 책 뒤표지의 바코드 위에 표기된다. ISBN은 정식 출판 도서임을 인증하는 역할을 한다.

원고와 표지가 모두 마무리되면 이제 인쇄만 남는다. 과정을 생각해 보면 큰 어려움이 없다. 가장 어려운 것이 원고 작성이고, 그다음이 표지다. 그 외에는 출판사의 협조를 받을 수 있기에 걱정할 필요 없다.

책 제목도 중요하다. 제목은 책의 첫인상으로, 선택 여부를 좌우한다. 간결하고 직관적이어야 하며, 주제와 메시지가 한눈에 들어와야 한다. 제목만 봐도 어떤 책인지 느낌이 오도록 정한다.『작은 습관의 힘』,『삶을 바꾼 만남』처럼 짧지만 기억에 남는 제목이 좋은 예이다. 때로는 강렬한 제목도 효과적이다. 다양한 아이디어를 내고 비교하며 최

적의 제목을 찾아야 한다.

  책의 판형은 보통 국판(148×210, A5 크기)과 신국판(152×224)이 가장 많이 쓰인다. 국판은 소설이나 수필에, 신국판은 경영서나 자서전에 적합하다. 시집은 B6(128×188) 크기로 제작하기도 한다.

  제본 방식은 무선제본과 양장제본이 있다. 무선제본은 일반 단행본에 가장 많이 쓰이며 경제적이다. 양장제본은 하드커버 방식으로 고급스럽지만 비용이 많이 든다. 초보 작가라면 무선제본이면 충분하다.

  마지막으로 인쇄 도수를 정한다. 1도는 흑백, 2도는 두 가지 색상, 4도는 컬러다. 사진이나 삽화가 들어가는 책이라면 4도를 선택해야 한다. 인쇄는 보통 CMYK 네 가지 색을 조합해 진행한다.

  이 과정을 차근차근 밟아 가면 된다. 결국 가장 중요한 것은 원고다. 원고가 완성되면 출판은 생각보다 단순한 절차에 불과하다.

3. 출판의 다음 단계

글을 마무리할 때 늘 시원함과 아쉬움이 동시에 찾아온다. 하나의 과제를 끝냈다는 후련함과 더 잘 쓸 수 있었을 거라는 아쉬움이 뒤섞여 작가의 마음을 흔든다. 그럼에도 불구하고 작가는 다시 새로운 글을 쓰기 위해 지금 쓰고 있는 글에 마침표를 찍는다.

출판을 하면 순간 비로소 작가가 된다. 원고를 쓰고, 고치고, 다시 쓰는 과정을 반복하며 마침내 나만의 책을 책꽂이에 한 권 꽂았다. 이렇게 꽂은 책은 다시 어떤 감정을 불러일으킨다.

'좀 더 잘 쓸 수 있었는데'
'이 내용을 더 보강했어야 하지 않았을까?'
'이 문장은 조금 어색한데?'

책을 낸 직후에는 이런 후회와 부끄러움이 갑자기 몰려온다. 괜히 책을 냈나 싶기도 하고, 원고가 부족해 보이기도 한다. 그러나 이는 피할 수 없는 감정이다. 억지로 없애려 하기보다는 흘러가도록 두어야 한다. 시간이 지나면서 감정을 차분히 가라앉는다.

감정이 옅어질 즈음, 새로운 생각이 찾아온다. 시험을 망쳤다면 다음 시험을 위해 더 열심히 노력하듯, 더 나은 책을 위한 준비를 하면 된다. 결국 출판의 다음 단계는 휴식 이후 다시 도전하는 일이다. 아쉬움은 또 다른 글로 만회할 수 있고, 만족스러움도 다음 글로 이어진다. 그 과정에서 성장한다.

따라서 출판은 끝이 아니라 시작이다. 한 권의 책은 작가로 가는 길목이며, 그 길 위에서 또 다른 글이 시작된다.

새로운 분야 선정하기

처음 책을 냈다면 그것만으로도 충분히 축하받을 일이다. 한 권의 책을 완성하는 과정은 쉽지 않으며, 그 자체가 큰 도전이자 성취이다. 나중에 내 아이나 후손, 혹은 가까운 지인들이 내가 쓴 책을 보면 어떤 생각을 할까?

'우리 부모님이 자신의 삶을 갈고 닦아 이렇게 책을 남겼구나'
'내 친구가 글을 쓰더니 정말 책을 냈네. 대단하다'
'늘 일만 하던 선배가 이런 깊은 생각을 책으로 정리했구나'

이런 반응들은 단순한 칭찬이 아니라, 저자가 어떻게 살아왔는지에 대한 존경과 새로운 시선이 된다. 도전하는 부모, 성장하는 지인, 배우는 선배의 모습이 책 한권을 통해 전해지는 것이다.

물론 책을 누군가를 보여 주기 위해 쓰는 것은 아니다. 하지만 내가 걸어온 길에 남긴 족적은 오래 남는다. 이 흔적을 더 선명하게 남기기 위해서 멈추지 않고 또 다른 도전을 이어가야 한다. 첫 책을 끝냈다면 이제는 두 번째 책을 준비할 차례다. 한 권으로 만족하기보다, '한 권 더'를 목표로 나아가야 한다.

그렇다면 두 번째 책은 어떤 주제로 써야 할까? 첫 책은 대부분 자신이 가장 잘 아는 분야를 선택했을 가능성이 높다. 그만큼 편안하고 익숙하기에 책으로 옮기기 수월하다. 만약 첫 책에서 다 하지 못한 이야기가 남아 있다면, 같은 분야에서 두 번째 책을 내는 것도 좋은 방법이다. 독자는 저자의 시선이 확장되고 심화되는 과정을 통해 더 깊은 신뢰를 느낀다.

그러나 새로운 분야에 도전하는 것도 충분히 의미가 있다. 작가란 본래 다양한 시각과 해석을 탐구하는 존재이기 때문이다. 내가 잘 알지 못했던 주제에 발을 들여 책을 쓰는 것은 큰 모험이지만, 동시에 자기 성장을 극대화할 기회가 된다. 낯선 영역에서 배우고 연구하며 글을 쓰는 과정은 책 한권을 더 쓰는 차원을 넘어, 삶의 지평을 넓히는 경험이 된다.

내 관심사가 머무는 곳에서 주제를 뽑아도 되고, 지금껏 미뤄 두었던 학문적 호기심을 실천해도 된다. 혹은 예술, 철학, 여행, 교육 등 새로운 영역을 탐험하는 것도 가능하다. 중요한 것은 '내가 왜 이 주제에 끌리는가'라는 질문에 답하는 것이다. 답이 명확하다면 그 길은 두 번째 책으로 나아가기에 충분히 설득력 있는 이유가 된다.

글을 통해 만난 자유

처음 글을 쓰기 시작하면 어색하다. 한 문장을 붙잡고 오래 고민하고, 단어 하나를 고르느라 시간이 더디게 흐른다. 글쓰기가 익숙하지 않을 때는 마치 새로운 악기를 배우는 것처럼 손끝이 둔하고 마음도 불편하다. 그러나 멈추지 않고 쓰다 보면 조금씩 달라진다. 문장이 자연스럽게 이어지고, 생각이 막힘없이 흘러나오기 시작한다.

글쓰기가 몸에 배면 글과 나 사이의 거리가 줄어든다. 억지로 단어를 끌어내던 시절이 지나고, 글은 마치 숨을 고르듯 자연스럽게 흘러나온다. 이때 글은 즐거운 대화가 되고, 편안한 호흡이 된다. 더 잘 쓰려는 부담은 줄어들고, 머릿속에서만 맴돌던 생각과 감정이 자연스레 나온다. 그 순간 자신 안의 목소리를 제약 없이 드러낼 수 있다. 그것이 글쓰기가 주는 자유이다.

책 한 권을 완성했을 때 이 자유는 더욱 깊어진다. 내 생각을 담은 문장이 모여 한 권의 책이 되었을 때, 스스로도 놀라운 해방감을 느낀다. 그 경험은 다시 새로운 책으로 이어지는 힘이 된다. 첫 책이 낯설고 험한 산행 같았다면, 두 번째 책은 이미 길을 아는 발걸음처럼 한결 가볍다. 자유롭게 글을 다루는 힘은 두 번째 책을 쓰는 용기로 자연스럽게 연결된다.

그러니 멈추지 말고 계속 써 보자. 서툴러도 괜찮고, 속도가 느려도 괜찮다. 글이 몸에 스며들면 두 번째 책은 생각보다 가까이에 있다. 글을 쓰는 일상이 자리 잡히면, 어느새 당신의 책꽂이에 또 다른 한 권으로 채워져 있을 것이다.

에필로그

 현대인의 일상은 짧은 자극으로 가득하다. 버스나 지하철에서 사람들이 가장 먼저 꺼내 드는 것은 휴대폰이다. 유튜브, 인스타그램, 틱톡은 몇 초 만에 우리의 시선을 사로잡고, 알고리즘은 끝없이 새로운 영상을 제공한다. 처음에는 가볍게 시작했지만, 어느새 한 시간을 훌쩍 넘겨 화면 속에 머무르는 일이 자주 반복된다. 문제는 단순히 시간을 허비하는 데 있지 않다. 숏폼 영상에 익숙해진 뇌는 점점 긴 호흡으로 사유하고 집중하는 힘을 잃어 가고 있다는 사실이다. 산만함이 생활이 되고, 깊은 몰입은 점점 사라진다.

 이런 흐름 속에서 글쓰기는 우리를 멈추게 한다. 한 문장을 어떻게 시작할지 고민하고, 단어를 고르며 잠시 멈출 때 호흡이 길어진다. 생각을 곱씹고 문장을 다듬는 과정에서 무질서하게 흩어져 있던 감정과 생각이 정리된다. 글을 쓰는 동안 우리는 스스로에게 질문하고, 그 질문에 답하며 자신을 조금 더 분명히 바라본다. 이런 점에서 글쓰기는 명상과 닮아 있다. 억지로 생각을 멈추는 대신, 마음속에 일어나는 흐름을 따라가고 그것을 기록하며 자기 자신을 지켜본다.

 그러나 글쓰기는 단순한 내적 성찰에 그치지 않는다. 명상이 내면의 고요를 지향한다면, 글쓰기는 사유를 밖으로 이끌어 낸다. 문장으로 옮겨진 생각은 흔적으로 남고, 다시 읽히며, 앞으로 나아간다. 기록된 문장은 오늘의 나에게는 정리이고, 내일의 나에게는 편지가 된다. 글은 순간의 사유를 붙잡아 삶의 일부로 만드는 작업이다.

오늘날 우리는 인공지능이 글을 대신 써 주는 시대를 살고 있다. AI는 놀라울 정도로 정교한 문장을 만들어 낸다. 그러나 그것은 어디까지나 계산된 결과일 뿐, 한 사람의 삶을 살아온 경험이나 고유한 감정은 담을 수 없다. 인간의 글이 여전히 특별한 이유는 바로 여기에 있다. 내가 살아온 시간과 고민, 내가 부딪친 현실과 감정이 담긴 문장은 그 자체로 진정성을 지닌다. 그렇기에 글쓰기는 더욱 값지고, 인간에게만 허락된 소중한 활동으로 남을 것이다. 글쓰기는 생각하는 힘을 기르고, 인간으로 존재하는 힘을 강화한다.

이 책에서 강조한 것도 결국 같은 이야기다. 글쓰기는 거창한 기술이 아니다. 화려한 표현이나 완벽한 문장력이 없어도 된다. 중요한 것은 내 생각을 내 언어로 적어 내는 것이다. 서툴러도 좋고, 더뎌도 괜찮다. 처음에는 머뭇거리지만, 반복하다 보면 글은 차츰 삶에 스며든다. 그리고 어느 순간, 글쓰기는 더 이상 숙제가 아니라 자유가 된다. 잘 쓰려는 부담에서 벗어나, 하고 싶은 말을 그대로 적어 낼 수 있는 시간이 된다. 그때 글쓰기는 나를 얽매는 두려움을 풀어내고, 오히려 나를 지탱하는 힘이 된다.

책 한 권을 완성했을 때 그 자유는 더욱 선명해진다. 원고를 쓰고 고치고, 다시 다듬는 지난한 과정을 거쳐 한 권의 책을 책꽂이에 꽂을 때, 우리는 누구도 대신할 수 없는 성취를 경험한다. 그것은 한 권의 결과물이면서, 나 자신이 한 단계 성장했다는 증거이기도 하다. 더 나아가 책은 나만의 울타리에 머물지 않는다. 누군가가 내 책을 펼치고, 내 문장을 읽으며 자기 삶을 돌아보는 순간, 글은 새로운 의미를 얻게 된다. 나의 기록이 다른 사람에게 위로가 되고, 용기가 되고, 때로는 새로운 길을 보여 주기도 한다. 글은 그렇게 나와 세상을 잇는다.

완벽하지 않아도 괜찮다. 모든 사람이 좋아하지 않아도 괜찮다. 중요한 것은 시작하는 용기와 멈추지 않는 꾸준함이다. 한 문장이 쌓여 단락이 되고, 단락이 모여 책이 된다. 그 과정 속에서 우리는 자신을 발견하고, 스스로의 삶을 새롭게 구성해간다.

짧은 호흡의 시대일수록 글쓰기는 더욱 절실하다. 한 줄을 적는 순간, 당신은 이미 글을 쓰는 사람이다. 글쓰기는 삶을 가다듬는 과정이며, 스스로를 성장시키는 훈련이고, 무엇보다 인간으로 존재한다는 사실을 확인하는 길이다.

그러니 망설이지 말고 오늘 첫 문장을 적어 보자. 서툴러도 좋다. 글쓰기는 누구나 할 수 있는 가장 깊은 명상이자, 삶을 풍성하게 하는 좋은 방법이다. 그리고 그 길은 지금, 당신의 손끝에서 시작된다.

참고문헌

강준만, 『그 순간 그 문장이 떠올랐다』, 개마고원, 2019
강준만, 『글쓰기가 뭐라고』, 인물과사상사, 2018
고이즈미 쥬조, 신주혜 옮김, 『지적인 사람들의 자기 연출법을 가르쳐 드립니다』, 지식여행, 2007
곽동일, 『어울림과 아우름』, 바른북스, 2025
김경일, 『창의성이 없는 게 아니라 꺼내지 못하는 것입니다』, 샘터, 2019
김도사, 『하루 10분 글쓰기의 힘』, 위닝북스, 2019
김연수, 『청춘의 문장들』, 마음산책, 2004
김종원, 『글은 어떻게 삶이 되는가』, 서사원, 2023
박경남, 『다산처럼 읽고, 다산처럼 써라』, 북씽크, 2021
박종인, 『기자의 글쓰기』, 와이즈맵, 2023
박주용, 『생각은 어떻게 글이 되는가』, 쌤앤파커스, 2020
박찬영, 『글쓰기의 비결 꼬리물기에 있다』, 리베르, 2017
브랜던 로열, 구미화 옮김, 『탄탄한 문장력』, 카시오페아, 2015
비비언 고닉, 이영아 옮김, 『상황과 이야기』, 마농지, 2023
손정, 『책쓰기와 글쓰기』, KSAM, 2020
손현, 『글쓰기의 쓸모』, 북스톤, 2021
송숙희, 『150년 하버드 글쓰기 비법』, 유노북스, 2018

송숙희, 『글쓰기 쉽게 하기』, 메타쉐커, 2023

송숙희, 『돈이 되는 글쓰기의 모든 것』, 책밥, 2020

송숙희, 『부자의 독서법』, 토트, 2022

송숙희, 『일머리 문해력』, 교보문고, 2023

숀케 아렌스, 김수진 옮김, 『제텔카스텐』, 인간희극, 2023

신동선, 『뇌신경 의사, 책을 읽다』, 더메이커, 2022

안광복, 『A4 한 장을 쓰는 힘』, 어크로스, 2024

앙토냉 질베르 세르티양주, 이재만 옮김, 『공부하는 삶』, 유유, 2013

에릭 메이슬, 강성희 옮김, 『인생을 바꾸는 40가지 일기 수업』, 인라우드, 2023

이은화, 『직장인 딱 3개월만 책 쓰기에 미쳐라』, 시너지북, 2014

잭 하트, 정세라 옮김, 『퓰리처 글쓰기 수업』, 현대지성, 2021

전우용, 『140자로 시대를 쓰다』, 휴먼큐브, 2015

정민, 『다산선생 지식경영법』, 김영사, 2006

칼 뉴포트, 김태훈 옮김, 『딥 워크』, 민음사, 2017

한승원, 『한승원의 글쓰기 비법 108가지』, 푸르메, 2008

허정원, 『생각의 공간』, 북스톤, 2024

글쓰기,
누구나 해낼 수 있다

ⓒ 권지현, 2025

초판 1쇄 발행 2025년 11월 4일

지은이　　권지현
펴낸이　　권지현
펴낸곳　　이음과펼침
책임편집　이음과펼침 편집부
출판등록　2025년 7월 21일 제2025-000129호
주소　　　서울시 서초구 양재동 392-3, 202B
이메일　　connectnbloom@gmail.com
원고투고　connectnbloom@gmail.com
홈페이지　www.connectnbloom.com

ISBN　979-11-994267-2-6 (03800)

- 가격은 뒤표지에 있습니다.
- 이 책은 저작권법에 의하여 보호를 받는 저작물이므로 무단 전재와 복제를 금합니다.
- 파본은 구입하신 서점에서 교환해 드립니다.